História da teologia:
da Idade Antiga à
contemporaneidade.

O selo DIALÓGICA da Editora InterSaberes faz referência às publicações que privilegiam uma linguagem na qual o autor dialoga com o leitor por meio de recursos textuais e visuais, o que torna o conteúdo muito mais dinâmico. São livros que criam um ambiente de interação com o leitor – seu universo cultural, social e de elaboração de conhecimentos –, possibilitando um real processo de interlocução para que a comunicação se efetive.

Osiel Lourenço

História da teologia:
da Idade Antiga à
contemporaneidade

Rua Clara Vendramin, 58 . Mossunguê
CEP 81200-170 . Curitiba . PR . Brasil
Fone: (41) 2106-4170
www.intersaberes.com
editora@editoraintersaberes.com.br

Conselho editorial
Dr. Ivo José Both (presidente)
Dr.ª Elena Godoy
Dr. Neri dos Santos
Dr. Ulf Gregor Baranow

Editora-chefe
Lindsay Azambuja

Gerente editorial
Ariadne Nunes Wenger

Assistente editorial
Daniela Viroli Pereira Pinto

Preparação de originais
Ana Maria Ziccardi

Edição de texto
Arte e Texto
Monique Francis Fagundes Gonçalves

Capa
Charles L. da Silva (*design*)
Fotolia (imagem de fundo)

Projeto gráfico
Charles L. da Silva

Diagramação
Rafael Ramos Zanellato

Equipe de *design*
Iná Trigo

Iconografia
Sandra Lopis da Silveira
Regina Claudia Cruz Prestes

Dados Internacionais de Catalogação na Publicação (CIP)
(Câmara Brasileira do Livro, SP, Brasil)

Lourenço, Osiel
História da teologia: da Idade Antiga à contemporaneidade/Osiel Lourenço. Curitiba: InterSaberes, 2020. (Série Conhecimentos em Teologia)

Bibliografia.
ISBN 978-65-5517-795-4

1. Teologia cristã 2. Teologia – História I. Título. II. Série.

20-43337   CDD-230.09

Índices para catálogo sistemático:
1. Teologia cristã: História   230.09

Cibele Maria Dias – Bibliotecária – CRB-8/9427

1ª edição, 2020.
Foi feito o depósito legal.

Informamos que é de inteira responsabilidade do autor a emissão de conceitos.

Nenhuma parte desta publicação poderá ser reproduzida por qualquer meio ou forma sem a prévia autorização da Editora InterSaberes.

A violação dos direitos autorais é crime estabelecido na Lei n. 9.610/1998 e punido pelo art. 184 do Código Penal.

sumário

9   apresentação

capítulo um
15   **A Idade Antiga e a formação da teologia cristã**
17   1.1 A teologia no período pós-apostólico
21   1.2 Os defensores da fé
27   1.3 Os pais antignósticos
34   1.4 Teologia cristã e o Império Romano
38   1.5 Os primórdios da teologia histórica e sistemática na Antiguidade

capítulo dois
47   **Divergências teológicas e os primeiros concílios**
49   2.1 A teologia como problema hermenêutico
53   2.2 A cristandade
60   2.3 O primeiro concílio ecumênico: Niceia
64   2.4 O segundo concílio ecumênico: Constantinopla
68   2.5 O terceiro e o quarto concílios ecumênicos: Éfeso e Calcedônia

capítulo três
81	**A teologia (grega) oriental e a teologia (latina) ocidental**
83	3.1 Monasticismo cristão oriental
86	3.2 Monasticismo cristão ocidental
91	3.3 Aspectos teológicos do grande cisma
100	3.4 Teologia oriental: os teólogos capadócios
103	3.5 Teologia ocidental: o pensamento de Agostinho de Hipona (354-430)

capítulo quatro
111	**A teologia cristã na Idade Média**
113	4.1 Idade das trevas?
120	4.2 O escolasticismo
122	4.3 Anselmo de Cantuária
125	4.4 Pedro Abelardo
132	4.5 Bernardo de Claraval
137	4.6 João Duns Escoto
145	4.7 Tomás de Aquino
158	4.8 Guilherme de Ockham

capítulo cinco
175	**A Reforma Protestante e a Contrarreforma**
177	5.1 O contexto das reformas
178	5.2 A reforma luterana
186	5.3 A teologia reformada – Zwínglio e Calvino
195	5.4 A contrarreforma

capítulo seis
205 **Teologia contemporânea**
207 6.1 Modernidade, Iluminismo e racionalismo
217 6.2 Fundamentos da teologia liberal
228 6.3 Reações conservadoras: fundamentalismo e dispensacionalismo
238 6.4 Teologia neo-ortodoxa: Karl Barth
246 6.5 Teologias contextuais – teologia pública e teologia latino-americana

269 *Considerações finais*
273 *Referências*
279 *Bibliografia comentada*
281 *Respostas*
285 *Sobre o autor*

apresentação

O que é história? O que é teologia? O vocábulo *teologia* é formado por dois termos de origem grega: *theos*, que significa "Deus", e *logos*, que significa "palavra". Portanto, a teologia estuda os discursos sobre Deus. O termo começou a ser usado, de maneira esporádica, no período da patrística, com o objetivo de fazer referência às crenças e doutrinas do cristianismo. Entretanto, as formulações doutrinárias não "nasceram prontas", elas são fruto de intensos debates e discussões que acontecem desde o primeiro século. Por essa razão, todo estudante de teologia deve conhecer não apenas os dogmas, mas também como eles foram sistematizados ao longo dos tempos. Além disso, é fundamental conhecer quem foram os principais pensadores do cristianismo, responsáveis por dar forma aos diversos conteúdos da fé cristã.

Nosso objetivo principal, ao compor esta obra sobre a história da teologia, é apresentar um panorama introdutório de importantes discussões teológicas que ocorreram desde a Idade Antiga até a Contemporânea, com fundamentação teórica mais tradicional.

Nosso texto tem um olhar mais descritivo sobre os acontecimentos que marcaram a teologia cristã ao longo dos séculos e dialogará com referências que adotam essa perspectiva mais conservadora. Contudo, por se tratar de um período histórico muito abrangente, seria uma tarefa impossível abordar, em detalhes, todas as reflexões teológicas do período em curto espaço. Dessa forma, os tópicos que escolhemos para nosso estudo não contemplarão os séculos VI a X. Mesmo assim, acreditamos que os temas teológicos que decreveremos servirão como base satisfatória para futuros aprofundamentos desse assunto tão fascinante que é a história da teologia. Para tanto, dividimos os temas em seis capítulos.

Nos primórdios do cristianismo, a teologia era, essencialmente, uma tarefa apologética, no intuito de diferenciar a divindade dos cristãos de outros deuses da esfera religiosa. Além da apologética, a embrionária teologia cristã também produziu os polemistas, lideranças que defendiam a fé cristã de ataques (doutrinários) internos. Desse modo, no primeiro capítulo, o tema é a teologia em seu modo mais incipiente, no período pós-apostólico. Discutiremos como foram importantes os "defensores da fé" na construção das primeiras elaborações teológicas. Além deles, conheceremos os pais antignósticos, que exerceram considerável influência no pensamento cristão nos primeiros séculos do cristianismo.

No segundo capítulo, descreveremos como, ainda no contexto do Império Romano, os cristãos foram, aos poucos, deixando de ser perseguidos. A legalização do cristianismo, por meio do Édito de Milão, em 313, bem como o decreto que oficializou o cristianismo, promulgado por Teodósio I, não impediram as polêmicas teológicas que, naturalmente, iam aparecendo nos diversos círculos cristãos. No intuito de dirimir essas divergências, foram instituídos os concílios ecumênicos. Um dos temas dominantes na maioria deles foi a cristologia, visto que havia pouco consenso a respeito do relacionamento entre a natureza humana e a natureza divina de Jesus.

Com a divisão do Império Romano no final do quarto século, a Igreja passou a ter uma sede em Roma e outra em Constantinopla, o que, mais tarde, daria origem à Igreja católica e à Igreja Ortodoxa, respectivamente. Diversos fatores e acontecimentos revelaram as diferenças políticas, culturais e religiosas entre os dois "mundos" cristãos, o que, consequentemente, levou não só ao distanciamento como também ao rompimento entre as duas Igrejas. No terceiro capítulo, trataremos das características teológicas do cristianismo de tradição grega (oriental) e do cristianismo de tradição latina (ocidental), bem como dos princípios da vida monástica cristã e do cisma definitivo, ocorrido em 1054.

No quarto capítulo, apresentaremos uma descrição do escolasticismo e como ele foi importante nas tentativas de harmonizar revelação e razão. No início da Idade Média, a visão predominante, na Europa, concebia o deus cristão como o verdadeiro e único. Dessa forma, "a teologia era considerada a análise sistemática da natureza, propósitos e atividade de Deus. Em seu cerne, se encontrava a convicção de que era uma tentativa, ainda que inadequada, de falar sobre um ser divino distinto dos seres humanos" (McGrath, 2005, p. 16). Ainda no período medieval, e de maneira mais específica no escolasticismo, o termo *teologia* passou a se referir à disciplina do saber sagrado, cujo campo de estudo não eram apenas as crenças sobre Deus, mas também a totalidade da doutrina cristã. Portanto, a teologia passou a ser, cada vez mais, sistemática. A *Suma teológica*, de Tomás de Aquino, é um exemplo da teologia com dimensões teóricas e especulativas.

Durante o período da Reforma Protestante do século XVI, houve outra mudança no paradigma teológico. Martinho Lutero e João Calvino, por exemplo, desejavam que a teologia dialogasse com as questões mais práticas da vida. Calvino, por isso, fundou, em Genebra, uma academia com o objetivo de formar pastores com essa capacidade. Já os teólogos protestantes posteriores adotaram um fazer teológico mais teórico do que prático. No quinto capítulo, tratamos um pouco mais sobre as grandes discussões teológicas que foram empreendidas durante o período medieval, para compreendermos como o conhecimento teológico foi estruturado nessa importante fase da história.

O advento do Iluminismo na Europa foi uma grande ruptura na maneira como a teologia era pensada. Em vários círculos, ela passou a ser vista com muita desconfiança, porque seu fundamento eram crenças supostamente originárias da revelação divina. Coube a teóricos como Schleiermacher (2014) defender a necessidade do estudo teológico em universidades europeias. Nesse contexto, como veremos no sexto e último capítulo, os chamados *teólogos liberais* procuraram elaborar uma teologia cuja linguagem fosse capaz de responder às demandas do homem e da mulher modernos. Aliás, nos séculos XIX e XX, uma teologia mais dialogal com o tempo presente e com o contexto foi ganhando proeminência nos círculos teológicos protestantes e católicos.

Nossos pressupostos metodológicos estarão em constante diálogo, principalmente, com as seguintes disciplinas: História, História da Igreja, Teologia Bíblica, Filosofia e Teologia Sistemática. Assim como outras formas de saber, a história está sempre se constituindo, portanto, ela jamais produzirá um conhecimento perfeito e acabado. Além disso, não poucas vezes, a história é um campo de disputa, em que diferentes atores pleiteiam qual é a narrativa mais factual e verdadeira. De acordo com Borges (1996, p. 43), "cada vez mais a perspectiva de que uma obra de história é uma construção do próprio historiador. Pode-se dizer, então, que a história não é o passado, mas um olhar dirigido ao passado: a partir do que esse objeto ficou representado, o historiador elabora sua própria representação".

Desejamos que, ao final desta obra, você seja capaz de situar, historicamente, fundamentais discussões e elaborações teológicas.

Bons estudos!

capítulo um

A Idade Antiga e a formação da teologia cristã

Ao estudarmos os três primeiros séculos da teologia cristã, notamos que foram marcados por grandes desafios internos e externos. Logo nos primeiros anos, surgiram algumas doutrinas que, de imediato, foram rechaçadas como falsas, visto que destoavam do ensino geral das Escrituras. Além disso, havia a intolerância religiosa que era duramente praticada contra os cristãos. Nesse período, o poderoso Império Romano dominava o mundo conhecido e um número significativo de cristão, por se recusarem a prestar reverência ao imperador, foi martirizado.

Os primeiros líderes cristãos que, em muito, contribuíram nas primeiras elaborações teológicas da história da Igreja cristã foram denominados *Pais da Igreja*. Importantes doutrinas cristãs que estudamos na atualidade, como cristologia, soteriologia, Trindade, entre outras, foram discutidas e sistematizadas por esses destacados baluartes do cristianismo. Entretanto, muitas dessas discussões não foram feitas de maneira harmoniosa, tendo em vista que severa oposição sofrida nos três primeiros séculos. Mesmo assim, como veremos ao longo deste capítulo, esse período ficou caracterizado por momentos de profícua criatividade teológica, além de muitos embates no campo das ideias.

Além de Pais da Igreja, outros nomenclaturas são usadas para se referir a esse período, como *patrística*, ou *Padres da Igreja*. Em termos cronológicos, os Pais da Igreja podem ser divididos em pré-nicenos e pós-nicenos, considerando o período de sua atuação antes ou depois do Concílio de Niceia, importante marco na história da Igreja. Diversos nomes se destacaram na teologia durante o período antigo, mas não faz parte do escopo desta obra a exposição pormenorizada de todos eles. Portanto, apresentaremos alguns nomes que deixaram profundas marcas na teologia cristã em seus primórdios.

1.1 A teologia no período pós-apostólico

O período pós-apostólico abrange a fase da história eclesiástica em que os primeiros discípulos de Jesus já não mais existiam e outra geração de líderes assumiu a direção da Igreja. Essa nova liderança exerceu sua atividade no fim do primeiro século e início do segundo. Como, na época, acreditava-se que alguns deles conheceram os apóstolos de Jesus, eram chamados também de **pais apostólicos** e se destacaram por empreender uma série de discussões e escritos sobre as principais doutrinas cristãs. Todavia, cabe lembrar que as referidas doutrinas ainda estavam em fase de desenvolvimento, por isso os primeiros Pais da Igreja foram de suma importância para o desenvolvimento das elaborações iniciais teológicas. Houve, ainda, outra geração de pais pós-apostólicos que viveu no terceiro século e início do quarto, quando a teologia cristã já havia estabelecido importantes dogmas.

Os chamados *pais apostólicos* também são considerados os primeiros escritores pós-bíblicos. Embora os escritos desses autores não sejam canônicos, conhecê-los é fundamental para conceber uma ideia panorâmica da gênese da teologia cristã. Os escritos mais importantes desses autores são: *Primeira epístola de Clemente*, escrita em Roma, por volta do ano 95 d.C.; *Epístola de Policarpo*, escrita em Esmirna, por volta de 110 d.C.; *Epístolas de Inácio*, escritas por volta de 115 d.C, durante sua viagem a Roma; *Epístola de Barnabé*, escrita no Egito, em 130 d.C.; *Segunda epístola de Clemente*, escrita em Corinto, ou Roma, por volta do ano 140 d.C.; *O pastor de Hermas*, escrita em 150 d.C., na cidade de Roma; o *Didaquê* (ensinamentos dos doze apóstolos), escrita, provavelmente, na Síria, em 101 d.C., embora alguns acreditem que se trata de uma obra mais antiga. Outra importante obra desse período foi os *Fragmentos de Pápias*, os quais foram escritos em Hierápolis, na Frígia, em 150 d.C.

Como não está no escopo desta obra tratar em detalhes os textos da época, falaremos de um destacado escrito doutrinário do período: o *Didaquê*.

Texto de autoria desconhecida, que já foi considerado uma das maiores descobertas literárias dos tempos modernos, o termo *didaquê* deriva de uma expressão grega que significa "ensino", "instrução". É interessante notar que o *Didaquê* esteve, por séculos, esquecido em bibliotecas antigas, até que, em 1875, foi descoberto na cidade turca de Istambul, pelo arcebispo Bryenios. Desde então, esse texto tem sido estudado por grande número de pesquisadores pelo mundo. Não se conhece a data exata de sua produção, mas é muito provável que tenha sido escrito antes da destruição de Jerusalém, em 70 d.c. Na forma de uma carta circular às igrejas cristãs na província romana da Síria, da qual a Palestina fazia parte, como o próprio nome indica, seu objetivo era dar instruções que diziam respeito à moralidade cristã, orientar sobre o batismo e sobre a espiritualidade cristã.

Curiosamente, nos primeiros séculos, o *Didaquê* foi considerado livro canônico por vários grupos de cristãos e foi usado como uma espécie de catecismo explicando e esquematizando as principais verdades da fé e da ética cristã. O *Didaquê* é importante para termos informações sobre a disciplina e a liturgia na Igreja em seus primeiros anos, pois oferece um panorama significativo sobre a vida desta na época de sua composição e é o único documento que cita, de maneira clara, o batismo por imersão nos dois primeiros séculos do cristianismo. Durante as discussões sobre os livros canônicos, muito se debateu se ele deveria, ou não, pertencer ao cânon bíblico, mas ele nunca foi oficializado na lista dos livros canônicos (Almeida, 2012, p. 78).

Com citações de outros textos bíblicos como Mateus, Lucas e Provérbios, sua estrutura é composta de 15 capítulos, agrupados em três seções e um epílogo, que tratam sobre a segunda vinda de Jesus, também denominada *parusia*. O livro inicia tratando de dois caminhos – o caminho da vida e o caminho da morte – e se organiza da seguinte forma:

- Capítulos 1 ao 6: tratam de uma catequese moral;
- Capítulos 7 ao 10: apresentam instruções relacionadas à liturgia, incluindo o batismo, o jejum, a oração e a ceia. O texto orienta que os cristãos deveriam jejuar às quartas e às sextas-feiras, além de orar ao Pai três vezes ao dia;
- Capítulos 11 ao 15: apresentam uma espécie de manual de disciplina, com instruções de como lidar com os profetas.

De acordo com o historiador cristão Justo González (2004b, p. 70): "A resposta da Didaquê é que os profetas são conhecidos por seu comportamento. Se eles pedem dinheiro, ou ordenam que uma mesa seja colocada para que eles possam comer, ou não praticam o que ensinam, eles são falsos profetas e mercadores de Cristo.

Como já mencionamos, o período pós-apostólico ficou caracterizado por grande oposição aos cristãos em razão de suas crenças. Entretanto, esse quadro histórico-político forçou a classe pensante cristã a formular argumentos para defender os postulados da fé cristã. Havia variadas causas e grupos que empreenderam a perseguição. O Império Romano, os judeus e os grupos filosóficos e religiosos foram os que mais perseguiram os cristãos.

No interior do Império Romano, havia inúmeras práticas religiosas ligadas ao panteão greco-romano, a maioria delas caracterizada pelo esoterismo e pelo politeísmo. Essas práticas ficaram conhecidas como *religiões de mistérios*, dado o seu caráter místico, oculto e exotérico[1]. Era muito comum a presença de ídolos que deveriam ser adorados. Como já sabemos, os cristãos se recusaram a prestar

---

1   *Exotérico* é a face pública das religiões de mistério, ou seja, quando o conteúdo da revelação torna-se conhecido. Em oposição, esotérico é o oculto, ou conhecido por poucas pessoas.

culto às divindades romanas, sendo, inclusive, acusados de serem ateus em razão dessa recusa.

Como não se misturavam com os ajuntamentos pagãos em templos, teatros e outros lugares recreativos, muitas vezes, os cristãos foram acusados de antissociais. Com essa postura, eles demonstravam certo inconformismo diante do poder civil e religioso de Roma e os pagãos passaram a vê-los como um potencial grupo que poderia trazer desestabilidade social. Paulatinamente, as autoridades romanas foram alimentando a ideia de que os cristãos eram inimigos e seriam capazes de incitar revoltas e motins.

Juntos, esses fatores justificavam a perseguição aos cristãos por parte das autoridades romanas. Entretanto, os desafios enfrentados pelo cristianismo primitivo não estiveram circunscritos à esfera civil. No interior do movimento, também surgiram dificuldades que precisaram ser enfrentadas, principalmente no que concerne ao estabelecimento de um corpo doutrinário comum. Esse é o assunto das próximas seções.

1.2 Os defensores da fé

Sabemos que demorou um tempo para que a liderança da Igreja chegasse a um consenso sobre as doutrinas cristãs fundamentais. De igual modo, a formação do cânone aconteceu de forma bastante gradual. Por essa razão, os primeiros anos do cristianismo ficaram caracterizados por diversas discussões teológicas, principalmente, sobre a natureza de Cristo.

Um grupo que criou muita polêmica nos primórdios do cristianismo foram os ebionitas – também conhecidos como *judaizantes*, pois eram judeus convertidos ao cristianismo – pois asseveravam a necessidade da observância da lei e dos costumes judaicos. Eram também contra a pregação do evangelho aos gentios. Além dos ebionitas, outro grupo causou sérios problemas no cristianismo primitivo: os gnósticos. Em linhas gerais, eles ensinavam que a salvação era alcançada por meio de um conhecimento secreto. Assim, o gnosticismo era um misto de filosofia grega e religião, em razão de seus aparatos místicos. Um dos pontos centrais propagados por esse movimento era a defesa de que a matéria era, essencialmente, má. Por conseguinte, recusavam que Cristo tivesse encarnado num corpo físico e tangível, afirmando que seu corpo não era real, mas era um tipo de fantasma. Esse ensinamento ia de encontro a um dos pilares da soteriologia cristã, que afirmava que Jesus tomou a forma humana e se fez sacrifício pelos pecados da humanidade. Por essa razão, o movimento gnóstico foi um dos que mais causou controvérsias no cristianismo primitivo. Na próxima seção, falaremos mais a respeito do gnosticismo.

Esses e outros tantos movimentos doutrinários exigiram que o cristianismo fizesse frente àquilo que considerava ser heresias perniciosas à fé cristã. Os defensores da fé no ambiente interno (heresias internas) eram chamados de **polemistas** e os defensores, da fé no ambiente externo (acusações externas ao cristianismo), de **apologistas**.

Fazer uma **apologia** significa falar em defesa de ou elogiar uma ideia, uma doutrina, uma ação ou uma obra. Assim, o movimento apologético, no início do segundo século, era a maneira pela qual o cristianismo se expressou em forma de resposta a certas acusações. Os apologistas procuravam responder aos seus inquiridores não no nível histórico, e sim no nível filosófico. Em seu trabalho apologético, as respostas tinham, quase sempre, três características básicas: a primeira dizia que o apologista devia utilizar uma linguagem compreensível, pois o acusador precisava entender o que e o apologista queria transmitir; a segunda, que o apologista precisa demonstrar a vulnerabilidade do paganismo; e a terceira, que deve demonstrar a superioridade da crença cristã.

Havia acusações de todos os tipos contra o cristianismo primitivo. Algumas não passavam de boatos populares, enquanto outras eram ataques sofisticados à fé cristã. Geralmente, as acusações populares eram baseadas em rumores a respeito das crenças e dos costumes praticados pelas igrejas cristãs. Por exemplo, afirmações de que os cristãos cometiam incesto, que eles comiam crianças, que seu deus era um asno crucificado, que adoravam os órgãos sexuais de seus sacerdotes, entre outras acusações. Contudo, esses rumores surgiram de mal-entendidos relacionados a algumas práticas litúrgicas do cristianismo. A título de exemplo, os rumores de que os cristãos praticavam orgias sexuais podem ter surgido com base na festa chamada *ágape*, ou *festa do amor*, a qual era realizada com frequência pelos cristãos.

As acusações mais sofisticadas eram uma tentativa de desqualificar os mestres do cristianismo, pois elas tentavam demonstrar que eles eram homens ignorantes e incompetentes. Os acusadores tentavam também desqualificar os escritos bíblicos e as doutrinas fundamentais, como a ressurreição. Os cristãos foram acusados de subversivos, porque opunham à autoridade do Estado por não reconhecerem a divindade do César[2] e por não cumprirem com as responsabilidades militares e civis. Portanto, foi a necessidade de responder a essas acusações que levou os apologistas a escreverem suas obras, como veremos a seguir.

Justino Mártir é considerado o principal apologista do século II, não apenas pelo extenso número de obras publicadas, mas também pela originalidade de seu pensamento. Justino nasceu em uma

---

2   Na Antiguidade, *César* não era um nome próprio, mas um título dado aos imperadores romanos.

família grega na Palestina, todavia, pouco se sabe a respeito de sua vida antes de ele se tornar cristão. Quando era jovem, estudou filosofia na cidade de Éfeso e, mesmo depois de se tornar cristão, conservou as vestes e o ofício de filósofo ambulante. Sob o olhar de Justino, o cristianismo era a mais antiga, verdadeira e divina das filosofias.

> Mas como não é fácil jogar fora as ideias que sempre se aceitou, ocorreu com ele uma acomodação aos princípios cristãos sem a perda dos velhos costumes, sendo que, na defesa da nova fé, empregou argumentos filosóficos fazendo referências a Platão, havendo um paralelo entre Sócrates e Cristo na sua obra. Advertiu os governantes que não deviam se levar pelo que diziam dos cristãos, mas examiná-los. (Almeida, 2012, p. 87-88)

Ao lermos as obras de Justino, fica claro que ele se considerava um filósofo cristão, pois, se, no passado, ele havia sido um filósofo de Platão, agora se tornara um filósofo de Cristo. Das obras que Justino escreveu, apenas três chegaram até nós. Em seus escritos, Justino falou a respeito de Cristo como o *logos* de Deus, que estava no mundo antes de Jesus. Quando Justino defendeu que o *logos* estava no mundo antes de Cristo, ele quis dizer que Cristo falava por meio dos profetas e até mesmo por intermédio dos filósofos. Justino chamou isso de *logos spermatikos* – a semente do *logos* presente em cada ser humano. É como se os pagãos, ao dizerem verdades, fossem cristãos mesmo sem ter noção disso.

A **primeira apologia** de Justino foi produzida por ele em 155, na mesma época do martírio de Policarpo de Esmirna. Essa obra apologética é endereçada ao Imperador Antônio Pio e a seus filhos adotivos, para que este tratasse de forma mais justa os cristãos. "Ao Imperador Tito Elio Adriano Antônio Pio César Augusto e a Veríssimo, seu filho, filósofo, e a Lúcio, filho por natureza de César, filósofo, e de Pio por adoção, amante do saber e ao senado e a todo o povo romano" (Cesareia, 2005, p. 126). Nessa apologia, Justino questionava o imperador a respeito da prática de perseguir pessoas por causa de sua filiação à fé cristã. Ademais, ele procurou desfazer os boatos espalhados a respeito do cristianismo, destacando que os cristãos eram bons cidadãos. Ao longo de sua argumentação, Justino conclamou o imperador para que revogasse os decretos que autorizavam a perseguição aos cristãos.

A **segunda apologia** de Justino foi endereçada aos senadores de Roma, em 160. Nela, o apologista argumentava que a maneira como os cristãos eram tratados era resultado de preconceito e do desconhecimento de quem, realmente, eram os seguidores de Cristo. Inclusive, ele compara Jesus a Sócrates, visto que este último era admirado pelos senadores e pelos eruditos da classe alta do império.

A **terceira obra** de Justino a chegar até nós chama-se *Diálogo com Trifão, o judeu*, escrita também em 160. Nesse texto, Justino imagina a conversa de um cristão com um rabino, a fim de demonstrar que a lei de Cristo aboliu a antiga lei e que Deus chama os pagãos para o seu reino, tendo em vista que os judeus excluíram-se a si mesmos desse reino.

Outro importante nome do período foi *Atenágoras de Atenas*. Quase nada se sabe a respeito da vida de Atenágoras, mas acredita-se que, assim como Justino, ele também foi um filósofo. Em sua obra *Petição a favor dos cristãos*, escrita por volta de 177, assim como os demais apologistas, procurou convencer o imperador romano a parar de perseguir os cristãos. Como já mencionamos, uma das principais acusações que se fazia aos cristãos era a de que eles eram ateus por se recusarem a reverenciar os deuses romanos. Com efeito, as argumentações de Atenágoras se concentraram na crença cristã em Deus e em Jesus Cristo.

Os acusadores do cristianismo ridicularizavam a doutrina cristã de que Deus tem um filho, pois, para eles, essa ideia era muito parecida com a mitologia. Além disso, como a doutrina a respeito da Trindade ainda não estava desenvolvida, os cristão tinham dificuldade para falar a respeito dela. Atenágoras apresentou explicações teológicas para fundamentar a crença na Trindade. Na sua defesa, ele também desfez os boatos de que os cristãos praticavam atos de imoralidade e incesto, insistindo que a comunidade cristã tinha apreço por uma vida de castidade e que a virgindade era louvável. Portanto, orgias sexuais não condiziam com o modo de vida dos cristãos.

O bispo da Igreja na cidade de Antioquia, Teófilo de Antioquia, foi também um dos apologistas do segundo século. As informações a seu respeito são escassas, mas, pelo que se sabe, ele converteu-se ao cristianismo em idade adulta, depois de ter lido os livros proféticos das Escrituras. Ele escreveu três livros, intitulados *A Autólico*, por volta de 180. Seu texto não tem a mesma profundidade dos textos de Justino, pois acredita-se que seu conhecimento da cultura clássica era bem superficial.

Autólico, o amigo a quem Teófilo escrevera, era pagão e havia feito comentários depreciativos ao cristianismo, razão pela qual o apologista escreveu os livros, para responder ao amigo. O primeiro dos três livros trata de Deus. Ele foi o primeiro na história da teologia cristã a usar o termo *creatio ex nihilo*: a criação do nada. Com isso, contradisse uma crença grega de que o universo era eterno. Além de ter criado o universo do nada, Deus é invisível, transcendente e incompreensível. Como os demais apologistas, Teófilo também usou a expressão *logos* para explicar o relacionamento de Deus com o mundo. No segundo livro, ele trata sobre a interpretação do Antigo Testamento e, no terceiro, a respeito da superioridade moral do cristianismo.

Figura 1.1 – Apologética e patrística

A seguir faremos uma abordagem sobre o gnosticismo. Esse movimento que mesclava filosofia grega e esoterismo influenciou alguns setores do cristianismo primitivo, mas foi duramente rechaçado por destacadas lideranças cristãs como veremos a no próximo tópico.

1.3 Os pais antignósticos

Os pais apologistas defenderam o cristianismo dos ataques de filósofos e imperadores, mas, como já dissemos, havia ameaças que nasceram dentro da Igreja. Uma dessas principais ameaças foi o gnosticismo. A denominação deriva da palavra grega *gnosis*, que significa "conhecimento". No entanto, no gnosticismo, esse conhecimento não é adquirido mediante pesquisa ou estudo, mas sim de maneira misteriosa, secreta. Os mestres do gnosticismo afirmavam que Jesus lhes transmitiu essas informações secretas durante 40 dias após sua ressurreição, quando ele esteve com seus discípulos. Vale ressaltar que o gnosticismo não era uma seita ou um grupo religioso estabelecido, mas um conceito filosófico e religioso que se espalhou no mundo da época.

De acordo com os gnósticos, o mundo, o corpo e a matéria são maus, ao passo que a salvação é a libertação deste mundo, a ser alcançada mediante práticas ascéticas ou libertinas. Sobre isso, Cairns (1992, p. 79-80) afirma:

> Os gnósticos, que identificavam a matéria com o mau, procuravam uma forma de criar um sistema filosófico em que Deus como espírito seria livre da influência do mau e no qual o homem seria identificado, no lado espiritual de sua natureza, com a divindade. A salvação, que era apenas para a alma ou parte da alma espiritual do homem, viria não com a fé mas com a gnosis especial que Cristo comunicaria à elite, que seria a mais beneficiada, segundo os gnósticos, no processo da salvação de sua alma. Já que o corpo era material e estava destinado a desaparecer, era necessário seguir práticas ascéticas rígidas ou entregar-se ao libertinismo.

A disseminação da doutrina gnóstica em algumas comunidades cristãs levou os Pais da Igreja a combaterem esse movimento religioso. Os líderes do cristianismo primitivo que lutaram contra a influência gnóstica ficaram conhecidos como os **pais antignósticos**.

Um dos nomes de destaque desse período da história da teologia cristã foi Irineu. Acredita-se que ele tenha nascido na cidade de Esmirna, na Ásia Menor, por volta do ano 125. Quando jovem,

aprendeu as tradições do apóstolo João com Policarpo. Por volta do ano 170, Irineu foi para a Gália, na França, e se estabeleceu em Lião, onde havia uma comunidade cristã. Em 177, quando já era um presbítero naquela região, foi enviado para Roma, a fim de entregar uma carta ao bispo daquela cidade. Todavia, quando regressou de lá, foi informado de que o Bispo de Lião havia sido martirizado e devia sucedê-lo no episcopado. De acordo com Olson (2001, p. 67-68):

> *Em 177, o Imperador Marco Aurélio iniciou uma terrível perseguição aos cristãos do vale do Ródano. O Bispo Potino foi morto, junto com centenas, ou talvez até milhares, de leigos e presbíteros cristãos. Os relatos dessa perseguição específica são aterrorizantes. Parece que a população local desenvolveu métodos engenhosos e cruéis de matar os cristãos. Um método popular era amontoar cristãos em pequenos quartos sem janelas e fechar as portas para que fossem sufocados lentamente. Outro método de execução era costurá-los em peles frescas de animais e colocá-los ao sol para morrerem lentamente por asfixia.*

Como líder da Igreja naquela região, Irineu promoveu a evangelização e dedicou boa parte de seu tempo lutando contra a influência do gnosticismo. Escreveu a obra intitulada *Contra as heresias*, composta de cinco volumes. Embora essa obra tenha sido escrita em grego, os textos que chegaram até nós estão todos em latim. Um dos volumes, denominado *Refutação e destruição do que é falsamente chamado conhecimento*, é uma refutação direta ao gnosticismo e, precisamente, foi a primeira feita por um líder cristão de maneira metódica e exaustiva. Irineu considerava o gnosticismo uma ameaça real ao Evangelho e à própria sobrevivência do cristianismo. Ele passou meses estudando sobre 20 mestres gnósticos e descobriu que o mais influente deles era Valentino. Com base nessa informação, começou a refutar a doutrina gnóstica. Na refutação, ele procurou demonstrar que o gnosticismo não passava de mera mitologia e que não tinha nenhuma relação com Jesus, como os gnósticos ensinavam. Os gnósticos colocavam tradições orais e secretas ao lado dos Evangelhos, o que levou Irineu a reafirmar a supremacia das Escrituras e da tradição apostólica Tanto no livro *Contra as heresias* como em *Demonstração da pregação apostólica* são abordadas questões relacionadas com a redenção da humanidade. As principais escolas gnósticas desprezavam a criação física, com efeito, diziam que a obra de Cristo foi uma experiência apenas espiritual e negavam a encarnação. Assim, para os gnósticos, Jesus não tinha uma existência num corpo humano, mas a substância corporal dele era celestial. De acordo com a cristologia gnóstica, não havia necessidade de Jesus assumir um corpo humano, pois sua missão consistiria em revelar uma mensagem secreta aos espíritos. De acordo com Irineu, tornou-se necessário Jesus assumir a forma humana, ou seja, ser de carne e osso, para concretizar a obra da redenção humana. O *logos* divino experimentou a humanização a fim de vivenciar a existência humana com todas as suas ambiguidades. Não apenas Irineu, mas também outros Pais da Igreja entendiam que a encarnação era fundamental para que se realizasse a salvação. Para Hägglund (2003, p. 38):

> A salvação, para os gnósticos, consistia em libertar-se o espírito do homem da criação, do mundo material e retornar à pura espiritualidade. Para Irineu, não significava que o espírito do homem se libertaria de suas cadeias materiais, mas em vez disso, que o homem inteiro, corpo alma, seria libertado do domínio do diabo.

Os gnósticos não ofereciam esperança, no que diz respeito à salvação, pois, segundo ensinavam, apenas uma classe especial de espíritos tinha a possibilidade de ser transformada e, mesmo assim, isso aconteceria mediante o conhecimento secreto, não pela obra redentora de Jesus. Sendo assim, Irineu reafirmou a centralidade da obra de Cristo na redenção da humanidade. A salvação não seria apenas para uma classe privilegiada, mas para todos aqueles que fossem alcançados pela obra expiatória de Cristo.

Irineu acreditava na solidariedade da humanidade, tanto no pecado como na redenção. Ele ensinava que a queda de Adão, conforme registrada em Gênesis, afetou toda a humanidade e, da mesma forma, a morte de Cristo na cruz também. De modo que, em Adão, todos nos tornamos pecadores e, em Cristo, todos nos tornamos redimidos. É possível inferirmos que essa concepção de Irineu nasceu de sua leitura de Romanos 5, em que o apóstolo Paulo faz um paralelo entre Adão e Cristo. Irineu mesmo disse que: "Tomando nossa carne e fazendo-se homem, recapitulou em si a longa jornada da estirpe humana e obtendo para nós a salvação de modo tão completo, para que em Jesus Cristo recuperássemos aquilo que tínhamos perdido em Adão, ou seja, o sermos imagem e semelhança de Deus" (Lião, 2005).

Observe que Irineu declarou que Jesus "recapitulou em si a longa jornada da estirpe humana". Isso quer dizer que Jesus, ao encarnar, assumiu forma humana, ou seja, o corpo de Adão. No entanto, Jesus fez o inverso, pois, em vez de pecar e trazer corrupção à posteridade como fez Adão, trouxe restauração e redenção à humanidade. Por isso, era necessário que Jesus assumisse a forma humana: para que não só experimentasse fome, sede, alegria, tristeza, desejos, mas também vencesse o pecado e restaurasse a humanidade – assim como registrado em Efésios, 1:10, "de fazer convergir nele, na dispensação da plenitude dos tempos, todas as coisas, tanto as do céu, como as da terra". Para Irineu, se Cristo não tivesse assumido, na encarnação, um corpo plenamente humano, não haveria possibilidade de ele ter invertido a queda de Adão na redenção dos homens.

Outra importante liderança cristã da Antiguidade, Tertuliano, nasceu por volta do ano 150 na cidade de Cartago, na África, que, no século II, era um importante polo econômico e também um centro difusor de ideias, perdendo em importância apenas para Roma. Filho de um centurião romano, antes de se converter ao cristianismo, aos 40 anos de idade, foi um importante advogado. Apesar de nunca ter sido ordenado no sacerdócio, Tertuliano usou seus conhecimentos jurídicos para defender e esclarecer aspectos doutrinários do cristianismo. Ele escreveu diversas obras endereçadas aos pagãos, das quais a mais importante foi *Apologia*, em 197. Observamos, no trecho do texto a seguir, a influência do discurso jurídico ao questionar a perseguição aos cristãos

> *Ó miserável pronunciamento, – de acordo com as necessidades do caso, uma incoerência! Proíbe de irem à procura deles como se fossem inocentes, e ordena que sejam punidos como se fossem culpados. É ao mesmo tempo misericordioso e cruel; ao mesmo tempo, ignora e pune. Por que fazes um jogo de palavras contigo mesmo, Ó julgamento? Se condenas, porque também não inquires. Se não inquires, por que também não absolves?* (Tertuliano, citado por González, 2004b, p. 168)

Sua obra *Contra Marcião* foi, para muitos, a mais importante. Marcião, um mestre entre os cristãos da cidade de Roma, viveu no século II e ensinava que era preciso separar o cristianismo das influências judaicas, incluindo *Iavé* – o Deus de Israel. Em seu livro *Antitheses*, Marcião distinguia o Deus do Antigo Testamento do Deus do Novo Testamento – o Deus da lei do Deus do evangelho. Assim, Marcião rejeitava o Antigo Testamento e aceitava apenas os livros do Novo Testamento que, segundo ele, não tinham influências da Lei. Tertuliano percebeu que o pensamento de Marcião havia sido influenciado pelo gnosticismo, razão por que fez duras críticas ao marcionismo, que, nessa época, já tinha seguidores.

Tertuliano também escreveu a obra *Contra Práxeas*, uma reação aos ensinamentos do mestre cristão romano Práxeas, um dos primeiros teólogos a tentar explicar a doutrina da Trindade. Práxeas ensinava que a divindade não era composta de três identidades. Posteriormente, essa doutrina ficou conhecida como *modalismo*, ou seja, há apenas uma identidade que se manifesta, ou como Pai, ou como Filho, ou como Espírito Santo. Tertuliano rejeitava essa doutrina, pois, segundo ele, se isso fosse verdade, foi o Pai quem morreu na cruz, o que seria um absurdo, pois a mensagem de todos os apóstolos é a de que foi o Filho quem morreu na cruz.

Tertuliano interpretou esse ensino de Práxeas como uma heresia e elaborou um tratado sobre a Trindade, por isso, para muitos estudiosos, ele é o pai das doutrinas ortodoxas da Trindade e também a respeito de Jesus Cristo. Sendo assim, de acordo com Tertuliano, Deus está em uma substância composta de três pessoas. Embora sejam da mesma essência e natureza, as três pessoas são distintas e preexistentes. Para fundamentar sua argumentação, ele citou textos que se referem às pessoas da Trindade, como no caso do batismo de Jesus, em Lucas 3:21,22, quando as três pessoas da Trindade estão presente ao mesmo tempo: o Filho sendo batizado; o Espírito Santo em forma de pomba vindo até ele; o Pai falando dos céus. Não há dúvida de que Tertuliano foi umas das figuras mais importantes desse período, portanto, conhecer seu pensamento é de suma importância para compreendermos os primórdios da teologia cristã.

Mais erudito do que Ireneu e Tertuliano, o antignóstico Hipólito (170-235) manteve várias polêmicas e discussões com os gnósticos por meio de suas obras exegéticas e seus textos sobre a história da Igreja. Viveu em Roma, onde também foi bispo e foi o último dos teólogos a escrever em grego, tendo em vista que, já a partir da metade do segundo século, o Ocidente já usava o latim. Hipólito, que era também filósofo e grande estudioso, escreveu muitos sermões e os primeiros comentários sobre a Bíblia. Como escritor, publicou vasta obra, como a *Refutação de todas as heresias*, e criticou a doutrina modalista. Uma das polêmicas de Hipólito foi com um bispo em Roma, chamado *Calixto*, favorável ao modalismo e que o acusava de adorar dois deuses.

1.4 Teologia cristã e o Império Romano

Quando a história da teologia cristã se iniciou, o Império Romano dominava parte significativa do mundo antigo, um vasto território composto por pessoas de variadas raças e culturas. Uma das características mais importantes do império era sua centralidade, representada, de maneira clara, na figura do imperador, em quem o poder era centralizado. Muito embora, nesse período, ainda houvesse a instituição do Senado, ele não detinha poderes.

Todavia, quando Jesus nasceu, já vigorava a política romana de unidade. Foi criado e implantado um sistema que valorizava a uniformização cultural. Fundamental nesse processo foi a atuação do exército e, principalmente, o investimento feito pelo império em comunicação. O exército romano ajudou a desenvolver os ideais de unidade, tendo em vista que os soldados, sendo habitantes das províncias, boa parte deles não romanos, eram inseridos no exército. Desse modo, absorviam elementos da cultura de Roma e, quando retornavam para suas respectivas casas, os difundiam

O imenso poderio militar e político do império foi capaz de promover uma paz universal, ficando conhecida como *Pax Romana*. De acordo com Nichols (2004, p. 18), "As guerras entre as nações tornaram-se quase impossíveis sob a égide desse poderoso império.

Essa paz entre os povos favoreceu extraordinariamente a disseminação, entre as nações, da religião que pretendia um domínio espiritual universal". Portanto, a *Pax Romana* foi um elemento que propiciou maior abertura dentro e fora dos limites do império a fim de que houvesse mais integração entre pessoas de diferentes regiões e culturas. Essa mentalidade cultural esteve no pano de fundo para a concepção de um tipo de igreja com um caráter universalista e global. O evangelista Marcos vaticinou bem esse princípio quando relatou as palavras de Jesus ao dizer que: "Ide **por todo o mundo** e pregai o evangelho a toda criatura" (Mc 16:15, grifo nosso).

Unido a isso, a construção de monumentais estradas propiciou a aproximação de pessoas das várias partes do império. As facilidades de locomoção contribuíram para que houvesse grande miscigenação étnica, de modo que as cidades litorâneas se transformaram em centros culturais que atraíam pessoas de diferentes partes do mundo. Conforme Cairns (1992), esse ideal de unidade exerceu influência sobre o ambiente cultural no qual a igreja floresceu:

> *Os romanos, como nenhum outro povo até então, desenvolveram um senso de unidade da humanidade sob uma lei universal. Esse senso de solidariedade do homem no Império criou um ambiente favorável à aceitação do evangelho que proclamava a unidade da espécie humana, baseada no fato de que todos os homens estavam sob a pena do pecado e que a todos era oferecida a salvação que os integra num organismo universal, a Igreja Cristo, o Corpo de Cristo.* (Cairns, 1992, p. 31)

Outro elemento importantíssimo para a unidade do império foi a concessão de cidadania romana aos não romanos. Esse processo perdurou até meados do terceiro século, quando o imperador concedeu cidadania romana a todos os homens livres do império. Por essa razão, um número significativo de pessoas, no mundo antigo, vivia sob o sistema político e jurídico de Roma (Cairns, 1992). Logo, concluímos que parte significativa da influência de Roma no mundo onde se originou a Igreja foi no campo da política e do direito.

Com o passar dos anos, a figura do bispo passou a ganhar mais proeminência hierárquica e ele passou a ser visto e reconhecido como superior aos outros presbíteros. A necessidade de uma liderança capaz de enfrentar os problemas externos e internos pelos quais a Igreja passava ampliou o poder do bispo. Além disso, o desenvolvimento doutrinário da sucessão apostólica impactou, decisivamente, no aumento desse poder.

Não apenas o destaque da figura do bispo no segundo século, mas também outras situações contribuíram para um reconhecimento especial sobre o bispo de Roma, algumas provenientes das tradições apostólicas. Desde cedo, o principal argumento era o de que Cristo deu a Pedro uma posição hierárquica superior em relação aos demais apóstolos, com base na designação de Pedro como a rocha na qual seria edificada a Sua Igreja, conforme a narrativa bíblica em Mateus 16:18. Ainda de acordo com Mateus, Cristo também deu a Pedro as chaves do reino do céus (Mateus 16:19). Outro exemplo, Paulo e Pedro sofreram martírio em Roma por causa de sua fé. De acordo com Cairns (1992, p. 94):

> *A igreja em Roma fora o centro da primitiva perseguição pelo estado romano movida por Nero em 64. A mais longa e talvez a mais importante das epístolas de Paulo foi dirigida a esta igreja. Das igrejas cristãs, ela era, por volta do ano 100, uma das maiores e uma das mais ricas. O prestígio histórico de Roma como a capital do império levou a uma natural elevação da posição da igreja da capital.*

Com o desenvolvimento doutrinário, a necessidade de normatização das crenças foi ganhando ainda mais força: um credo que reunisse os principais artigos da fé. Nesse sentido, *credo* é declaração de fé para uso público e contém os artigos fundamentais para preservação do corpo doutrinário e teológico da Igreja. Um dos textos mais antigos sobre as doutrinas centrais do cristianismo foi o *Credo dos Apóstolos*. Sua versão mais antiga data de 340 e tem como ensinamento principal o papel de cada pessoa da Trindade no plano de salvação da humanidade.

Outro forte elemento de garantia da unidade foi o estabelecimento do cânon, que é a relação de volumes pertencentes a um livro autorizado. O poder do bispo, alinhado ao credo e ao cânone, formaram os fundamentos do que, mais tarde, seria considerada uma igreja institucionalizada. Muito embora houvesse ampla aceitação por parte dos cristãos de quais eram os livros sagrados e inspirados, esse processo foi bastante demorado. Foram necessários muitos anos de reflexão e intensa discussão para se chegar ao número de livros do Novo Testamento que foram considerados inspirados por Deus e, consequentemente, autorizados a ser incluídos no cânon.

Um dos fatores que levou a Igreja a realizar esses processos para a instituição de uma lista de livros inspirados foram os perigos que ameaçavam a unidade doutrinária. Marcião, por exemplo, estava criando seu próprio cânon das Escrituras. Para que um livro fosse considerado canônico, alguns requisitos mínimos deveriam ser observados:

- A **apostolicidade**, ou seja, o maior sinal de inspiração era o livro ter sido escrito por um dos apóstolos ou por alguém diretamente ligado aos apóstolos.
- A **eficácia**, relacionada aos resultados alcançados quando lido publicamente, bem como sua concordância e harmonia com a regra de fé.
- A identificação da **autoria**.
- O **uso regular** pela Igreja da época.

Desse modo, antes de os bispos decidirem, a Igreja decidiu. Um dos exemplos disso é encontrado no fragmento de Muratori. Os primeiros livros a serem reunidos por líderes da Igreja, pelo menos na região de Éfeso, foram as epístolas paulinas. No começo do segundo século, os Evangelhos foram anexados a elas. No ano 180 d.C., foi composto o chamado *Cânon muratoriano*, o qual era constituído de 22 livros do Novo Testamento. O eminente historiador da Igreja antiga, Eusébio de Cesareia, descreveu que, em 324 d.C., 20 livros eram, plenamente, aceitos pela comunidade cristã. Os livros de Tiago, 2 Pedro, 2 e 3 João ainda estavam em fase de discussão. A incerteza sobre a autoria desses livros é o motivo por que demoraram a ser aceitos como canônicos. Entretanto, três anos depois, o Bispo Atanásio relacionou 27 livros do Novo Testamento.

1.5 Os primórdios da teologia histórica e sistemática na Antiguidade

A maneira como a Igreja se estabeleceu e estruturou suas doutrinas teve início pela contribuição de estudiosos importantes. Entre os primeiros que manifestaram sua compreensão a respeito das verdades de Deus estão: Eusébio, Atanásio, Jerônimo, Ambrósio, Crisóstomo e Teodoro, sobre os quais conheceremos um poucos nesta seção.

Eusébio (260-339), um dos teólogos mais eruditos em toda a Igreja, é meritoriamente chamado de *Pai da História Eclesiástica*.

Foi instruído por Panfílio em Cesareia e tornou-se bispo da mesma cidade (Cairns, 1992). Quando Eusébio conheceu Panfílio, sentiu-se cativado e influenciado pela fé fervorosa, pela acuidade e pelo afloramento intelectual do seu líder, a tal ponto que ele chegou a se chamar, anos mais tarde, de *Eusébio de Panfílio*, fazendo entender que devia a seu mestre grande parte do que era. Descrito como dono de um espírito refinado e cordato, pois detestava as questões conflitantes levantadas pela heresia ariana[3], a personalidade de Eusébio contribuía para os alvos de sua erudição.

Os estudiosos afirmam que ele tomou um lugar de honra à direita de Constantino no Concílio de Niceia e, como ele, preferiu uma solução de compromisso entre os partidos de Atanásio e de Ário. Foi o *Credo de Cesareia*, escrito por Eusébio, que o Concílio de Niceia aceitou e codificou. Foi apoiador de Constantino e das mudanças que sobrevieram à igreja por causa das políticas de Constantino (Cairns, 1992). Na obra *História eclesiástica*, Eusébio esboçou um panorama da história da Igreja dos tempos apostólicos até 324 d.C., com o propósito de fazer um relato das dificuldades enfrentadas pela Igreja ao fim desse longo período de luta e começo de uma era de prosperidade (Cesareia, 2005).

Expressivo expositor da cristologia e da Trindade, Atanásio (328-373), bispo de Alexandria de 328 até 373, é considerado o maior teólogo do seu tempo. Sua criação foi dentro da ordem da igreja imperial, à qual permaneceu leal durante toda sua vida. A educação de Atanásio foi essencialmente grega, portanto, era um classicista. Logo depois de completar 20 anos, lançou-se aos trabalhos escritos e produziu obras teológicas de importância duradoura.

---

3   A heresia ariana surgiu por meio dos ensinamentos de Ário. Este afirmava que o Filho teria sido gerado pelo Pai. Veremos esse tema com mais detalhes quando tratarmos da cristandade.

Era inimigo implacável do arianismo e foi, de modo especial, o instrumento que levou a efeito a condenação de Ário no Concílio de Niceia. Num período crítico da história da Igreja, Atanásio sustentou o caráter essencial do cristianismo nas suas lutas contra os arianos e imperadores, principalmente contra Teodósio.

Outra figura importante do período foi Jerônimo (347-420), um estudioso e tradutor da Bíblia que tinha por alvo introduzir o melhor da erudição grega no cristianismo ocidental. Seu nome, em latim, era *Eusebius Hieronomous*. Nasceu na cidadezinha de Strido, perto da fronteira entre a Itália e a Dalmácia, hoje, Iugoslávia. Em Roma, foi aluno do grande gramático Donato. Lançou os alicerces da sua biblioteca de autores latinos clássicos e adotou Cícero como seu modelo de estilo em latim. Seu espírito foi sacudido quando, no meio de uma enfermidade grave, sonhou que estava no juízo final e o juiz lhe perguntava: "Quem és?"; e Jerônimo afirmava: "Sou cristão". E o juiz lhe respondia: "Mentes. Não és cristão, mas ciceroniano". A partir de então, Jerônimo dedicou-se, com afinco, ao estudo das Escrituras.

Jerônimo era uma pessoa de difícil trato. Entre as muitas pessoas que foram objeto de seus ataques impiedosos estavam não só os hereges, os ignorantes e os hipócritas, mas também João Crisóstomo, Ambrósio de Milão, Basílio de Cesareia e Agostinho de Hipona. Jerônimo não foi nenhum teólogo criativo nem um grande mestre da Igreja. Ocupava-se em amargas controvérsias, uma após a outra, com paixão vingativa. Contudo, apesar de todas as suas fraquezas pessoais, sua reputação como estudioso bíblico permanece.

A maior realização de Jerônimo foi a *Vulgata*, tradução da Bíblia para o latim. Trabalhando com o Antigo Testamento hebraico e o Novo Testamento grego, Jerônimo, depois de 23 anos de labuta, deu a Bíblia em latim à cristandade.

Ambrósio (340-397) nasceu na Gália, foi governador e, depois, bispo de Milão. Teólogo, administrador e pregador, foi um estudante da Bíblia com foco no método alegórico de interpretação e um grande administrador da Igreja. Batizou Agostinho de Hipona. É reconhecido como um dos grandes doutores da Igreja, um dos chamados *pais latinos*. Até seus inimigos reconheciam sua moral, segundo alguns, irrepreensível.

Nascido em Antioquia, João Crisóstomo (345-407) foi monge e, depois, bispo, ou patriarca, de Constantinopla (398). Orador e expositor eloquente, é reconhecido como um dos grandes patronos da Igreja oriental. Graças à sua enorme capacidade para falar e convencer as pessoas, após sua morte, recebeu a alcunha *Crisóstomo*, que, em grego, significa "boca de ouro". Entre os muitos sermões deixados para a posteridade, ressaltamos os 55 sermões sobre Atos dos Apóstolos. Esse é o único comentário completo sobre esse livro da Bíblia na antiguidade cristã de que se tem notícia.

Teodoro (350-428), chamado de *príncipe dos exegetas antigos*, também nasceu em Antioquia. Bispo da Mopsuéstia, sempre procurava observar o sentido natural do texto. Teodoro priorizava a gramática e a formação histórica do texto bíblico, procurando entender o raciocínio do autor do texto estudado por meio da análise de todo o contexto possível do texto: imediato e remoto. Tornou-se, então, um comentarista bíblico em potencial no seu tempo, contrastando com o método alegórico de interpretação das Escrituras.

Síntese

Os conteúdos abordados neste capítulo estão sintetizados no quadro a seguir:

Quadro 1.1 – Síntese do Capítulo 1

Personagem/Fato	O que ou quem foi	Causas	Influência na história da teologia
Didaquê	Documento catequético que descrevia as principais verdades da fé e da ética cristã.	Necessidade de organizar os conteúdos da fé.	Informações sobre a disciplina e a liturgia na Igreja em seus primeiros anos.
Justino Mártir	Principal apologista cristão do século II.	A oposição ao cristianismo e à fé cristã.	Justino fortaleceu o movimento apologético.
Irineu	Evangelizou e lutou contra o gnosticismo.	Influência do gnosticismo nos círculos cristãos.	Um dos primeiros sistematizadores da teologia.
Tertuliano	Elaborou um tratado sobre a Trindade.	Necessidade de responder a Marcião e a outros movimentos aos quais considerava pagãos.	Um dos primeiros a sistematizar a doutrina na cristologia.
Eusébio de Cesareia	Apoiador de Constantino. Chamado *Pai da História Eclesiástica*.	Colocou-se ao lado do Imperador Constantino, de quem recebeu apoio.	A obra *História eclesiástica*, que narra acontecimentos dos primórdios da Igreja.

Atividades de autoavaliação

1. Assinale a alternativa que expressa corretamente o período pós-apostólico:
   a) O Didaquê é um texto doutrinário desse período de autoria de João.
   b) Ficou caracterizado por grande tranquilidade para os cristãos em razão de suas crenças.
   c) Os chamados *pais apostólicos* também são considerados os primeiros escritores pós-bíblicos.
   d) Apesar de sua importância, em nenhum momento o *Didaquê* foi considerado livro canônico por vários grupos de cristãos.
   e) Não é possível encontrar citações de referências bíblicas no *Didaquê*.

2. Assinale a alternativa que expressa corretamente a apologética cristã no período antigo:
   a) Os apologistas procuravam responder aos seus inquiridores no nível histórico.
   b) Todas as críticas desferidas contra o cristianismo eram bem fundamentadas nos fatos.
   c) Justino Mártir, considerado o principal apologista do século II, rejeitava a filosofia por considerá-la nociva à fé cristã.
   d) O gnosticismo era um misto de filosofia grega e religião, em razão de seus aparatos místicos.
   e) Justino falou do *logos spermatikos* – a presença do Espírito Santo em cada ser humano.

3. Assinale a alternativa que identifica corretamente o gnosticismo:
   a) De acordo com os gnósticos, o mundo, o corpo e a matéria são maus.
   b) Os mestres do gnosticismo afirmavam que Jesus lhes transmitiu informações secretas durante os 40 dias em que esteve no deserto.
   c) O gnosticismo era uma seita, ou um grupo religioso, estabelecido e muito bem-organizado.
   d) Os gnósticos ofereciam uma clara esperança no que diz respeito à salvação.
   e) Hipólito (170-235) foi um dos principais gnósticos de sua época.

4. Assinale a alternativa que expressa corretamente as relações entre a teologia cristã e o Império Romano:
   a) Uma das características mais importantes do Império Romano na Antiguidade era sua fragmentação, principalmente no que diz respeito ao poder.
   b) Nem mesmo o imenso poderio militar e político do império foi capaz de promover uma paz universal.
   c) Com o passar dos anos, a figura do bispo passou a ganhar mais proeminência hierárquica e ele passou a ser visto e reconhecido como superior aos outros presbíteros.
   d) Um dos textos mais antigos sobre as doutrinas centrais do cristianismo foi a Epístola de Barnabé.
   e) Os primeiros livros a serem reunidos por líderes da Igreja, pelo menos na região de Éfeso, foram os Evangelhos.

5. Assinale a alternativa que identifica corretamente os primórdios da teologia histórica e sistemática no mundo antigo:
   a) Ário, um dos teólogos mais eruditos em toda a Igreja, é meritoriamente chamado de *Pai da História Eclesiástica*.
   b) Foi o *Credo de Antioquia*, escrito por Pafílio, que o Concílio de Niceia aceitou e codificou.
   c) Expressivo expositor da cristologia e da Trindade, Eusebio, bispo de Alexandria, de 328 até 373, é considerado o maior teólogo do seu tempo.
   d) João Crisóstomo (345-407) foi monge e, depois, bispo, ou patriarca, de Constantinopla (398). Orador e expositor eloquente, é reconhecido como um dos grandes patronos da Igreja oriental.
   e) Ambrósio (340-397) nasceu na Gália, foi governador e, depois, bispo de Milão. Teólogo, administrador, pregador e autor da Vulgata Latina.

Atividades de aprendizagem
Questões para reflexão

1. Estudamos, ao longo deste capítulo, que a apologética foi uma prática central na elaboração teológica do cristianismo primitivo. Embora sejam contextos diferentes, você acha que a defesa ferrenha de uma fé religiosa pode ser perigosa e gerar intolerância? Justifique.

2. Faça uma pesquisa no livro *Contra as heresias*, de Irineu de Lião, conforme indicação na lista final de referências. Elabore um texto em que demonstre como nascia uma heresia naquele período.

Atividade aplicada: prática

1. Elabore uma minientrevista com duas pessoas e faça a seguinte pergunta: O que você sabe sobre o fim da perseguição aos cristãos no quarto século? O objetivo é averiguar o que se sabe sobre a legalização do movimento cristão primitivo e a tolerância a ele.

capítulo dois

Divergências teológicas e os primeiros concílios

02

Parte considerável das controvérsias teológicas aconteceram no campo da hermenêutica teológica. A expressão *hermenêutica* (*hermeneuein*) deriva de Hermes, o deus intérprete, que, na mitologia grega, era o responsável por traduzir tudo o que a mente humana não fosse capaz de compreender. O atributo de traduzir e decifrar o incompreensível, de ser o mensageiro entre os deuses e intérprete de sua vontade, trouxe a Hermes o respeito dos outros deuses.

Ainda no contexto da Antiguidade grega, o filósofo Platão também utilizou a palavra *hermenêutica*. Com o tempo, esse termo passou a significar a ciência e a arte da interpretação: *ciência* porque tem regras e normas aplicadas no processo interpretativo e *arte* porque essas regras e normas não podem ser absolutizadas. Em outras palavras, não pode haver uma única forma de interpretar. Todavia, quando se trata de hermenêutica, ocorre o que denominamos *conflito das interpretações*, ou seja, nem sempre os sentidos coincidem. Esse fenômeno aconteceu no desenvolvimento da teologia.

O período que iremos estudar neste capítulo ficou caracterizado por debates e divergências teológicas. Cada grupo estabeleceu suas próprias bases hermenêuticas, principalmente no que diz respeito à interpretação da cristologia. Por exemplo, houve teólogos, como Ário, que leram certos textos paulinos e chegaram à conclusão de que Jesus era uma criatura de Deus-Pai. Por isso, é de fundamentação importância avaliarmos o impacto do problema hermenêutico nas discussões que ocasionaram os concílios.

2.1 A teologia como problema hermenêutico

Clemente de Alexandria (150-215) foi um polemista, teólogo e escritor grego, considerado o primeiro representante de destaque da tradição teológica alexandrina no Egito. Nascido em Atenas, filho de pais pagãos, Clemente foi para Alexandria, onde se tornou sucessor de seu professor, Panteno, como chefe da escola de catequese de Alexandria. Foi mestre de Orígenes e de Alexandre que, mais tarde, tornou-se bispo de Jerusalém. Permaneceu em Alexandria de 175 a 202 d.C., pois a perseguição forçou-o a partir e, segundo a tradição, a nunca mais voltar. Clemente é importante pela sua abordagem positiva à filosofia, que lançou os alicerces para o humanismo cristão e para a ideia da filosofia como serva da teologia.

Em sua obra *Exortação aos pagãos*, escrita por volta do ano 190 d.C., Clemente elaborou um documento missionário de cunho apologético a fim de provar a superioridade do cristianismo como a verdadeira filosofia e, assim, levar os pagãos a aceitá-lo. No texto

O pedagogo, ou *O tutor*, o autor fez um tratado moral de instrução direcionado aos jovens cristãos, no qual Cristo é apresentado como o verdadeiro mestre que deixou estabelecidas as regras para a vida cristã. A obra *Stromata*, ou *Seleções*, reúne pensamentos variados a respeito do relacionamento entre a fé e a filosofia e, conforme observa Cairns (1992, p. 89), "evidenciam o amplo conhecimento de Clemente da literatura pagã de seu tempo". A erudição secular era amplamente explorada por ele, objetivando exprimir melhor a sua teologia. Segundo Clemente, mediante o domínio próprio e o amor, o homem livra-se das paixões e, finalmente, chega ao estado da impossibilidade em que alcança a semelhança de Deus. Com essa ideia, Clemente influenciou profundamente a espiritualidade cristã grega.

Orígenes (185-253) foi discípulo de Clemente, polemista e, para muitos, o maior teólogo da Igreja grega antiga. Filho do mártir Leônidas, aos 16 anos, teve de assumir a responsabilidade de uma família formada por seis membros. Tomou o texto de Mateus 19:12[1] literalmente e se castrou, a fim de poder instruir suas estudantes do sexo feminino sem risco de escândalo. A famosa escola de catequese em Alexandria, dirigida por Clemente, chegou ao ápice sob a orientação de Orígenes, cargo que ocupou até 231 d.C. Ambrósio, um homem rico que ele convertera do gnosticismo, tornou-se seu amigo e responsabilizou-se pela publicação de suas muitas obras. Segundo uma estimativa, Orígenes foi autor de 6 mil pergaminhos. Apesar de ocupar uma posição elevada e de seu rico amigo, Orígenes levou uma vida ascética e de extrema simplicidade, que incluía, por exemplo, o ato de dormir numa tábua nua. As principais obras

---

1 "Porque há eunucos de nascença; há outros a quem os homens fizeram tais; e há outros que a si fizeram eunucos, por causa do reino dos céus."

teológicas de Orígenes foram *Doutrinas fundamentais*, *Hexapla* e *Contra Celso*.

Orígenes fez uma exposição da teologia cristã em escala anteriormente desconhecida pela Igreja. Seus argumentos eram vigorosos quanto à inspiração e à autoridade das Escrituras, embora valorizasse mais os significados alegóricos e tipológicos do que o sentido literal. Os primórdios da crítica textual da Bíblia podem ser encontrados em várias versões hebraicas e gregas do Antigo Testamento, nas quais as críticas são organizadas em colunas paralelas, constituindo-se, a obra, no primeiro texto crítico do Antigo Testamento.

O livro *Contra Celso* é uma obra-prima da apologia da fé cristã, na qual Orígenes responde, magistralmente, às acusações que Celso, um platonista[2], fizera contra os cristãos. Nessa obra, ele trata das acusações de irracionalidade dos cristãos e de falta de fundamentos históricos definidos feitas por Celso, contrapondo a mudança de vida que o cristianismo produz, a constante procura da verdade pelos cristãos e a pureza e a influência de Cristo, o líder dos cristãos e seus seguidores.

A influência de Clemente e de Orígenes criou, em Alexandria, uma escola de interpretação bíblica. Para tanto, adotaram o método alegórico de interpretação, que perdurou até o século XV, com o advento do Renascimento na Europa.

Apesar de afirmar que os textos das Escrituras têm um sentido literal e outro espiritual, Clemente de Alexandria acreditava que o sentido espiritual era o mais importante, pois cada texto bíblico guardaria um sentido oculto. Orígenes ampliou essa concepção

---

2   *Platonista* era aquele que seguia a corrente filosófica baseada no pensamento de Platão.

afirmando que, assim como o ser humano é constituído de corpo, alma e espírito, as Escrituras também têm um sentido triplo:

- Sentido literal: aquilo que o texto diz.
- Sentido moral: aquilo que o texto ensina sobre comportamento e ética.
- Sentido espiritual: sentido oculto do texto, que ele também chamava de *sentido doutrinário*.

Orígenes também considerava o sentido espiritual mais importante. Um dos principais problemas que o método alegórico pode gerar é o abuso do texto, no sentido de forçar as Escrituras a dizerem aquilo que ela não quis dizer.

Tendo em vista que cristãos da escola de Alexandria passaram a dar muita ênfase à alegoria, lideranças da Igreja que estavam na cidade de Antioquia da Síria investiram numa hermenêutica que valorizava mais o sentido histórico e literal dos textos bíblicos. Eles produziram muitos comentários sobre as Escrituras e o grupo ficou conhecido como a *escola de Antioquia*, cuja fundação é atribuída a Luciano (240-312 d.C.). O conhecimento das línguas originais em que a Bíblia fora escrita (hebraico e grego) era fundamental para eles, visto que, com esse conhecimento, poderiam chegar o mais próximo possível do sentido original. Desse modo, a escola tinha uma hermenêutica totalmente oposta em relação à de Alexandria.

2.2 A cristandade

A partir do final do século III e do início do século IV, a perseguição aos cristãos diminuiu. No contexto do Imperador Constantino (306-337), o Império Romano vivia numa verdadeira confusão política, no tempo da tetrarquia (dois Augustos e dois Césares) instaurada pelo Imperador Diocleciano. O momento de anarquia e de decadência era tanto que chegou a haver seis imperadores ao mesmo tempo. Eram momentos de lutas internas, alimentadas pela ambição dos homens – lutas pelo poder. Havia a real possibilidade de um imperador morrer no exercício do poder em razão de uma, sempre, provável conspiração. Em outras palavras, não era improvável, nesse tempo, morrer por causa, ou em consequência, do poder.

Também nesse tempo os cristãos tinham sofrido fortes e cruéis perseguições por ordem do Imperador Diocleciano (284-305), que abdicou do trono em 305 por ter adoecido. O novo imperador, Galério (305-311), assumindo o poder, fez questão de continuar, implacavelmente, as perseguições contra os cristãos. Entretanto a tolerância ao cristianismo e o fim das perseguições foram estabelecidos pelo Édito de Tolerância, promulgado por Galério, em 30 de abril de 311:

> *Entre todas as leis que promulgamos para o bem do Estado, tentamos restaurar as antigas leis e disciplina tradicional dos romanos. Em particular, procuramos que os cristãos, que abandonaram a religião de seus antepassados, voltassem à verdade. Porque tal teimosia e loucura possuíram aqueles que nem sequer seguiam seus costumes primitivos, mas fizeram suas próprias leis e se reuniram em grupos distintos. Depois da publicação do nosso edito, ordenando que todos voltassem aos costumes antigos, muitos obedeceram por temor ao perigo, e tivemos que castigar a outros, mas há muitos que ainda persistem em suas opiniões.*

Percebemos que não adoram nem servem aos deuses, nem tampouco ao seu próprio deus. Portanto, movidos por nossa misericórdia a ser benévolos com todos, cremos justo estender também a eles o nosso perdão, e permiti-lhes que voltem a ser cristãos, e que voltem a se reunir em suas assembleias, contanto que não atentem contra a ordem pública. Em outro edito, daremos instrução acerca disto a nossos magistrados. Em troca desta tolerância nossa, os cristãos terão a obrigação de rogar ao seu deus pelo nosso bem-estar, pelo bem público e por eles mesmos, a fim de que a república desfrute de prosperidade e eles possam viver tranquilos. (González, 2004b, p. 109-110)

Em 312, acontecera a muito questionada conversão de Constantino, e boa parte da elite romana seguiu os passos do imperador. Sem pretender questionarmos sobre os verdadeiros interesses dessa "conversão" ao cristianismo, alguns historiadores falam sobre os prováveis interesses políticos de Constantino ao se converter. Pela lógica, seus súditos "converteram-se" também, como era normal nos reinos naquele tempo da Antiguidade: o povo, a começar pela elite, seguia a religião ou os deuses de seus soberanos (Elwell, 1984).

Em 313, o Imperador Constantino fez circular uma carta, conhecida como *Édito de Milão*, para altos funcionários de províncias instruindo sobre uma resolução entre ele e Licínio. A carta estabelecia neutralidade e liberdade em relação às religiões praticadas no império. Em outras palavras, o documento determinava não só a tolerância aos cristãos, mas também decretou liberdade de culto, isto é, *status* de uma das religiões oficiais do império, ou seja, todos os cidadãos do império poderiam seguir o deus, ou os deuses, que quisessem.

O fim da perseguição aos cristãos já foi, erroneamente, associado ao Édito de Milão, mas, como citamos anteriormente, ele ocorreu dois anos antes, com o édito de Galério.

Não demorou muito para que Constantino promulgasse outros éditos, a fim de devolver os bens dos cristãos que, outrora, haviam sido confiscados pelo Estado. A era da perseguição havia acabado; contudo, o imperador se considerava o chefe supremo da Igreja, a ponto de se autointitular Bispo dos bispos e o 13º apóstolo. As muitas divisões doutrinárias do cristianismo não eram interessantes ao império, tendo em vista que Constantino queria a unidade de seu governo, mas, para isso, era necessário também haver unidade doutrinária na Igreja.

Fique atento!
O Édito de Milão, em 313, legalizou o cristianismo. O decreto que oficializa o cristianismo viria por intermédio de Teodósio I.

Em 380, o Imperador Teodósio I decretou, pelo Édito de Tessalônica, o cristianismo como religião exclusiva, ou seja, oficial do vasto Império Romano. Contudo, o império estava em declínio e os bárbaros faziam movimentos em direção à conquista dos territórios sob domínio romano. O documento assegurava aos cristãos romanos a proteção do Estado, intrínseca ao direito de uma religião estatal.

É preciso salientar que a expansão do cristianismo romano após Constantino foi facilitada pela imposição de leis, não pela conversão genuína, e muito menos voluntária, ao senhorio de Cristo. Tanto que, em 391, Teodósio I declarou proibidos os sacrifícios pagãos. A partir desse momento, os papéis foram invertidos, ou seja, os pagãos seriam perseguidos e os cristãos romanos, protegidos pelo governo imperial. Em outras palavras, o cristianismo romano ocidental passou a viver um novo tempo, liberto das perseguições e assumindo, definitivamente, nova etapa na história da humanidade.

Com o fim da perseguição, os líderes da Igreja não precisariam mais preocupar-se com o martírio ou em dar respostas aos pagãos. Entretanto, conflitos doutrinários ainda existiam, entre os quais, um dos mais importantes dizia respeito a Cristo e à Trindade. Por isso, discutiremos como se deu a elaboração teológica a respeito dessa doutrina cristã no século IV e como ela se relacionou com a cristandade. Uma figura central no debate cristológico desse período foi Ário de Alexandra (Elwell, 1984).

Nos quatro primeiros séculos do cristianismo principalmente, houve uma aproximação muito relevante com o pensamento filosófico grego a fim de sistematizar melhor a fé cristã, de maneira inteligível ao contexto greco-romano. Do mesmo modo, teólogos cristãos dialogaram com as ideias de Platão, com a escola aristotélica e com outras linhas filosóficas. Foi da correlação entre a revelação e o uso da filosofia grega como ferramenta hermenêutica que nasceu a teologia.

Pinheiro (2017) destaca que, nesse primeiro momento de expansão do cristianismo no contexto helênico, a cristologia foi um escândalo para os judeus, que não aceitavam a pregação a respeito da deidade de Jesus, concebida como uma heresia. Além disso, os judeus esperavam um messias político, não um messias do tipo "paz e amor". Do lado romano, Jesus era considerado uma ameaça ao culto a César e, assim, uma ameaça política. De qualquer modo, apesar dos inúmeros obstáculos e inimigos, a fé em Cristo prevaleceu. O mundo jamais foi o mesmo desde que, nas terras da Palestina, nasceu um homem por nome *Jesus*. Atualmente, milhões de pessoas em todo o mundo se declaram cristãs e confessam a sua divindade.

Nos escritos da comunidade cristã primitiva (Novo Testamento), Cristo sobressai como humano e divino, não só como o Filho do homem, mas também como o Filho de Deus. No início, não houve uma teologia mais elaborada que pretendesse conciliar as duas naturezas de Cristo: a divina e a humana. Quando essa tendência, se manifestou, surgiram algumas controvérsias, como os ebionitas, que surgiram no começo do segundo século. Eram judeus crentes que não conseguiam deixar as cerimônias mosaicas. Ademais, negavam a realidade da natureza divina de Cristo, considerando-o como mero homem, quer sobrenaturalmente, quer naturalmente concebido. A crença na divindade de Cristo lhes parecia incompatível com o monoteísmo (Thiessen, 2011, p. 201).

Surgiu, então, uma compreensão da natureza de Cristo como uma criatura pré-temporal, a primeira das criaturas, não Deus; contudo, mais do que ser humano: o arianismo. Esse sistema teológico que teve origem com um presbítero de Alexandria chamado *Ário*. Curiosamente, a compreensão da natureza de Jesus Cristo demonstrada pelas Testemunhas de Jeová pode ser considerada uma forma moderna do arianismo.[3]

Ário viveu de 250 a 336 e, como teólogo, deu mais ênfase à humanidade de Jesus do que a sua divindade. Não que Ário fosse adocionista, pois, segundo a doutrina do adocionismo, Jesus era um homem comum e teria sido adotado pelo Pai no momento de seu batismo no rio Jordão.

O que Ário ensinava era que o Filho não pode existir sem um começo, por isso ele é chamado de seu *Filho*. Ao olhar do teólogo, a existência do Pai é anterior à do Filho. Essa afirmação de Ário colocava o Pai e Jesus em níveis diferentes, sendo Jesus uma criatura. Apenas o Pai seria "não gerado". No entanto, Jesus não seria uma criatura como as demais, pois, apesar de ter sido gerado em

---
3 A denominação religiosa *Testemunhas de Jeová* tem uma concepção cristológica diferente dos movimentos católicos e protestantes. As Testemunhas de Jeová ensinam que o Filho foi gerado pelo Pai, de modo que Jesus não é eterno, pois veio à existência por intermédio de Deus-Pai.

Maria, ele tinha uma natureza divina, o que faria dele uma espécie de semideus. Portanto, Jesus não era plenamente Deus nem plenamente homem.

Os aspectos doutrinários de Ário podem ser assim resumidos:

- O Filho é uma criatura de Deus que, como todas as demais criaturas, é proveniente da vontade de Deus.
- A posição que Jesus ocupa como Filho é única e exclusivamente vontade do Pai.
- *Filho* é um termo honorífico que visa destacar a posição superior do Filho entre as demais criaturas. Não indica que Pai e Filho tenham a mesma essência ou posição.

Além de presbítero, Ário dirigia uma escola exegética e conseguiu reunir vários discípulos com seus ensinos a respeito de Cristo. O bispo da cidade de Alexandria, Alexandre, não concordava com as doutrinas de Ário e, mediante correspondências e sermões, tentou contradizer o arianismo. No entanto, essa atitude não surtiu muito efeito e, por isso, ele convocou um sínodo de bispos a fim de discutir as ideias de Ário. Ao saber do sínodo, Ário convocou seus seguidores, que fizeram uma passeata pelas ruas de Alexandria, passando pela igreja e pela casa do bispo. Como havia também o grupo que apoiava Alexandre, os dois grupos se encontraram na frente da igreja (Elwell, 1984).

Em 318, o sínodo se reuniu em Alexandria e o bispo fez críticas à teologia de Ário, afirmando que a cristologia do arianismo colocava em jogo a salvação da humanidade. Depois das discussões, o sínodo decidiu que os ensinos de Ário eram heréticos: ele foi destituído da função de presbítero e obrigado a a deixar a cidade de

Alexandria. Ário buscou refúgio com um antigo amigo, chamado *Eusébio*, que havia se tornado um importante bispo em Nicomédia. Juntos começaram a escrever cartas aos bispos que não haviam participado do sínodo em Alexandria. Ário também escreveu para Alexandre, bem como para os demais oponentes de sua cristologia. Leia, a seguir, um exemplo:

> *Reconhecemos um só Deus, sendo somente ele não-gerado, somente ele eterno, somente ele sem princípio, somente ele verdadeiro, somente ele imortal, somente ele sábio, somente ele bom, somente ele cheio do poder, é ele quem julga todos, quem controla todas as coisas, quem provê todas as coisas, e ele não está sujeito a nenhuma mudança ou alteração; ele é justo e bom; ele é o Deus da Lei e dos Profetas e da Nova Aliança. Esse é único Deus, antes de todo o tempo, gerou seu filho unigênito, por meio de quem fez as eras e o universo. Ele o gerou, não apenas na aparência, mas, de fato; por vontade própria, fez subsistir seu Filho e o tornou imutável e inalterável. Sendo criatura perfeita de Deus, ele é diferente de qualquer outra criatura; gerado, sim, mas incomparável no modo de ser gerado. Mas dizemos que foi criado pela vontade de Deus, antes de todas as eras; do Pai recebeu a existência e a vida e, ao criá-lo, o Pai conferiu-lhe a própria glória.* (Ário, citado por Olson, 2001, p. 405)

Como resposta, Alexandre escreveu uma carta encíclica chamada *Deposição de Ário* explicando por que Ário foi condenado no sínodo de Alexandria, além de fazer um resumo da cristologia ariana. Nesse resumo, Alexandre fez uma exegese de João 1:1 para demonstrar que o *logos* (Filho) estava com Deus desde o princípio. Toda essa discussão entre Alexandre e Ário chegou ao conhecimento do Imperador Constantino, que, no intuito de resolver a questão doutrinária, convocou o Concílio de Niceia em 325.

2.3 O primeiro concílio ecumênico: Niceia

O concílio na cidade de Niceia reuniu, na abertura, 318 bispos, 28 deles solidários à doutrina de Ário. Apesar de terem discutido outros assuntos, o principal dizia respeito à controvérsia ariana, mas, como não era bispo, Ário não pôde participar das discussões, sendo representado por seu amigo e bispo Eusébio de Nicomédia. O processo contra Ário foi dirigido pelo próprio Alexandre, auxiliado por seu assistente Atanásio, que, no futuro, o sucederia no episcopado de Alexandria.

Dada a palavra aos arianos, Eusébio de Nicomédia levantou-se e leu um documento com a posição de Ário, evidenciando para os demais bispos que, de fato, os arianos afirmavam que Jesus era uma criatura de Deus. Antes mesmo de Eusébio terminar a leitura, alguns bispos tapavam os ouvidos com as mãos e gritavam pedindo o fim de tais blasfêmias. Assim, o arianismo foi condenado e foi escrito um documento conhecido como *Credo de Niceia*, para que unificasse a fé da Igreja

> Cremos em um só Deus, Pai Onipotente, Criador de todas as coisas visíveis e invisíveis. E em um só Senhor Jesus Cristo, Filho de Deus; gerado do Pai, unigênito da essência do Pai, Deus de Deus, Luz de Luz, verdadeiro Deus de verdadeiro Deus, gerado, não feito consubstancial (homoousios) com o Pai, por quem todas as coisas foram feitas no céu e na terra; o qual foi feito homem. Padeceu e, ao terceiro dia, ressuscitou; subiu ao céu. E retornará para julgar os vivos e os mortos. E no Espírito. Todos os que dizem que houve um tempo em que ele não existiu, ou que não existiu antes de ser feito, e que foi feito do nada, ou de alguma outra substância, ou coisa, ou que o Filho de Deus é criado, ou mutável, ou alterável, são condenados pela Igreja católica. (Tillich, 1968, p. 77)

Durante o concílio, dois termos foram discutidos para retratar a relação do Pai com o Filho: o termo *homoiousios*, que significa "de substância semelhante" ou "de ser semelhante"; e o termo *homoousios*, "da mesma substância" ou "do mesmo ser". Este último termo prevaleceu e, desde então, a maioria das Igrejas protestantes e católicas seguem essa doutrina.

Com respeito ao Concílio de Niceia, fazemos os seguintes destaques:

- Chegou-se à conclusão, pelo menos para os bispos presentes, que Jesus não era um semideus. Ele é o próprio Deus.
- A Igreja torna-se estatal com a influência do imperador em questões dogmáticas e doutrinárias.
- A controvérsia em relação ao arianismo não terminou nesse concílio.

O sucessor de Alexandre no episcopado de Alexandria, Atanásio, viveu entre 296 e 373. Em 328, foi nomeado bispo e também combateu o arianismo. Entre suas obras, destacamos *Discursos contra os arianos*, *Sobre a encarnação contra os arianos*, *Apologia contra os arianos* e *História dos arianos*.

Apesar das decisões do Concílio de Niceia, as discussões a respeito da cristologia permaneciam. A fim de agradar bispos arianos, Constantino restituiu o presbitério de Ário em 332 e ordenou ao Bispo Atanásio que Ário fosse recebido novamente pela Igreja em Alexandria. Atanásio afirmou que receberia Ário se, ele aceitasse que Jesus era da mesma substância do Pai, entretanto Ário recusou-se a fazer essa declaração. Atanásio não aceitou receber Ário e, como consequência de sua decisão, foi exilado pelo imperador, acusado de desobediência a ele. Seu exílio durou de 335 até a morte de Constantino, em 337.

A teologia de Atanásio procurou demonstrar que Jesus é, de fato, Deus encarnado, pois, de outro modo, a salvação humana estaria comprometida (Olson, 2001, p. 158):

> Nenhuma criatura pode salvar outra criatura;
> De acordo com Ário, Jesus Cristo é uma criatura;
> Logo, de acordo com Ário, Jesus não pode redimir a humanidade.

Ele também usou os seguintes argumentos:

> Somente Deus pode salvar o homem;
> Jesus Cristo salva;
> Logo, Jesus Cristo é Deus.

De acordo com Atanásio, para que houvesse salvação, precisaria haver uma intervenção divina e, por isso, João 1:14 afirma que "o Verbo se fez carne", porque Deus entrou na existência humana a fim de mudá-la.

Observe o trecho a seguir do livro escrito por Atanásio, *Da encarnação do Verbo*, que é um exemplo da associação que ele faz entre a encarnação e a salvação:

> *Pois se, sendo criatura, ele [o Verbo] se tornou homem, o homem teria permanecido exatamente o que era antes, não ligado a Deus; pois como uma obra teria sido ligado ao criador por uma obra? Qual socorro teria vindo de um semelhante para outro, quando tanto um deles como outro precisava de socorro? E como teria o Verbo poder, se fosse uma criatura, para desfazer a sentença de Deus e remir o pecado, em contraste com o que está escrito nos Profetas, que essa obra é obra de Deus?* (Atanásio, citado por Olson, 2001, p. 173)

Atanásio também argumentava que todos os cristãos prestavam culto e oravam a Jesus. Portanto, se Cristo é uma criatura, então os cristãos são culpados por adorarem uma criatura em vez do criador – em outras palavras, estariam praticando a idolatria. Reafirmava, ainda, que os cristãos eram proibidos de adorar outra pessoa ou coisa que não fosse Deus. Com efeito, ao destacar que os cristãos estavam reverenciando a pessoa de Jesus, eles estavam reconhecendo que Cristo era, de fato, o Deus encarnado.

Ele defendeu também a divindade do Espírito Santo, pois, depois de Niceia, alguns grupos sustentavam que ele também era uma criatura. O Espírito Santo não é semidivino, mas Deus, em sua plenitude, dizia Atanásio. No entanto, foram os teólogos capadócios que mais falaram a respeito da trindade e da divindade do Espírito Santo.

Figura 2.1 – Concílio de Niceia

Os teólogos capadócios (Basílio de Cesareia, Gregório Nazianzo e Gregório de Nissa) foram destacados pensadores cristãos de origem grega que trabalharam com muito afinco para que o credo niceno fosse estabelecido. Eles foram de denominados *capadócios*, justamente por sua vinculação com o mundo e a cultura grega. Veremos mais sobre eles adiante.

2.4 O segundo concílio ecumênico: Constantinopla

Um pouco antes de sua morte, o Imperador Constantino determinou que o reino fosse dividido entre seus filhos Constantino II, Constâncio II e Constante. Além disso, nomeou um sobrinho para governar a Dalmácia. No entanto, ocorreram várias brigas entre os herdeiros e, consequentemente, inúmeras lutas, restando apenas Constâncio II, que não era tão hábil como seu pai no que diz respeito à política religiosa.

Uma das principais marcas do governo de Constantino foi sua capacidade de conciliação, de modo a intermediar as muitas disputas teológicas. Até porque, essas referidas disputas não eram saudáveis para a estabilidade do império. Todavia, logo após sua morte, recomeçaram as controvérsias doutrinárias. Seu filho Constâncio II instituiu diversos decretos, por meio dos quais proibiu os cultos pagãos, fechou os templos e mandou destruir muitos deles.

Os ânimos se exaltaram ainda mais quando Atanásio regressou para Alexandria, época em que poucos ainda aceitavam a fórmula de Niceia.

Os arianos ficaram impossibilitados de militar pelas antigas posições, de modo que passaram a defender a fórmula do *homoiousios*. Em outras palavras, o Filho de Deus é igual ao Pai, mas não é igual ao Pai no que diz respeito à essência e à substância. O próprio Imperador Constâncio instituiu essa fórmula como obrigatória para todo o império.

Depois de sua morte, ascendeu ao trono Juliano (361-363), que, apesar de ter recebido educação cristã, não foi cativado pelo cristianismo. Paralelamente às doutrinas cristãs, Juliano tinha acesso também ao paganismo, ao ponto de prestar reverência ao deus Sol (Dreher, 1993, p. 67). Quando se tornou imperador, promoveu uma série de iniciativas voltadas à tolerância religiosa. Assim, tanto o cristianismo como outras religiões podiam manter-se livremente; apesar disso, era notória sua predileção pelas religiões de mistério.

Juliano tentou ainda restaurar os antigos cultos, mas não obteve sucesso em razão da forte pressão popular. Após sua morte, subiu ao trono Joviano (363-364). Depois da morte de Joviano, em 364, assumiu Valentiniano (364-378), que governou sobre o Ocidente. Seu irmão Valêncio (364-378) ficou encarregado de governar o Oriente. Ambos eram de origem germânica, o que, talvez, justifique que Valêncio tenha favorecido os arianos.

De 379 a 395, o império esteve sob o domínio de Teodósio, o qual promulgou o Édito Tessalônico, como vimos na Seção 2.2., decretando a unidade religiosa do império:

> *Queremos que as diversas nações sujeitas à nossa Clemência e Moderação continuem professando a religião legada aos romanos pelo apóstolo Pedro, tal como a preservou tradição fiel e tal como é presentemente observada pelo pontífice Dâmaso e por Pedro, Bispo de Alexandria e varão de santidade apostólica. De conformidade com a doutrina dos apóstolos e o ensino do Evangelho, creiamos, pois, na única divindade do Pai, do Filho e do Espírito Santo em igual majestade e em Trindade santa. Autorizamos os seguidores dessa lei a tomarem o título de Cristãos*

Católicos. Referentemente aos outros que julgamos loucos, cheios de tolices, queremos que sejam estigmatizados com o nome ignominioso de hereges, e que não se atrevam a dar a seus conventículos o nome de igrejas. Estes sofrerão, em primeiro lugar, o castigo da divina condenação e, em segundo lugar, a punição que nossa autoridade, de acordo com a vontade do céu, decida infligir-lhes. (Dreher, 1993, p. 68)

Essas palavras de Teodósio devem ser compreendidas considerando um contexto maior. Apesar do relativo sucesso do Concílio de Niceia, os arianos não se deram por vencidos; muito pelo contrário, além deles, surgiram outros grupos que ensinavam doutrinas contrárias aos principais postulados teológicos da Igreja. Entre esses grupos, estavam os semiarianos, que receberam esse nome porque procuravam seguir um curso intermediário entre o Credo de Niceia e o arianismo. Os defensores dessa heresia eram Cirilo de Jerusalém e Basílio de Ancira. Havia também os *pneumatomaquianos*, termo que significa "lutadores contra o Espírito". Dirigidos por Eustácio de Sebaste (373 d.C.), procuravam atribuir ao Espírito uma categoria não divina. Os capadócios opuseram-se ferrenhamente contra essa heresia. Outro grupo eram os eunomianos, ou anomoianos. Aécio de Antioquia e Eunômio de Cizico sustentavam a posição ariana radical que recusava qualquer entendimento com a ortodoxia. Ensinavam uma hierarquia de três seres que eram, em essência, desiguais, embora possuíssem divindade relativa, o que foi considerado uma forma de politeísmo.

A maior polêmica teológica desse período ainda era sobre a natureza de Jesus Cristo. Apolinário de Laodiceia, por exemplo, negava a alma racional humana de Jesus Cristo, substituindo-a pelo *logos*. Segundo ele, a salvação somente seria plenamente realizável se Cristo fosse totalmente controlado pela vontade e pelo poder divinos, e não por uma personalidade humana. Portanto, para Apolinário, a natureza divina de Jesus suplantou sua natureza humana no ato da encarnação. Se Jesus tivesse uma alma racional, haveria duas personalidades: uma divina e outra humana. Essa concepção doutrinária de Apolinário, que negava a humanidade integral de Jesus, também foi condenada no Concílio de Constantinopla.

No ano 380, o imperador romano Teodósio I convocou o Concílio de Constantinopla com o objetivo de combater os ensinos difundidos por esses grupos. O conselho, composto por 150 bispos, reuniu-se em maio de 381 e promulgou o seguinte credo:

> *Cremos em um Deus, Pai todo-poderoso, criador do céu e da terra, de todas as coisas visíveis e invisíveis. E um senhor Jesus Cristo, o unigênito Filho de Deus, gerado Pai antes de todos os séculos, Luz de Luz, verdadeiro Deus de verdadeiro Deus, gerado não feito, de uma só substância com o Pai, pelo qual todas as coisas foram feitas; o qual, por nós seres humanos e por nossa salvação, desceu dos céus, foi feito carne do Espírito Santo e da virgem Maria, e tornou-se humano, e foi crucificado por nós sob o poder de Pôncio Pilatos, e padeceu e foi sepultado e ressuscitou ao terceiro dia conforme as Escrituras, e subiu aos céus e assentou-se à direita do Pai, e de novo há de vir com glória para julgar os vivos e os mortos, e seu reino não terá fim e no Espírito Santo, Senhor, e Vivificador, que procede do Pai, que com o Pai e o Filho conjuntamente é adorado e glorificado, que falou através dos profetas; e na Igreja uma, santa, católica e apostólica; confessamos um só batismo para remissão dos pecados. Esperamos a ressurreição dos mortos e a vida do século vindouro.* (Dreher, 1993, p. 68)

O Concílio de Constantinopla sacramentou o emprego dos termos *natureza* e *pessoa* com o objetivo de explicar a Trindade. Apesar das resoluções e promulgações estabelecidas durante esse enclave, as disputas teológicas continuaram. Na mesma Constantinopla, um homem chamado *Nestório* ficaria responsável por uma das maiores controvérsias teológicas daquele período, sobre a qual trataremos na seção a seguir.

2.5 O terceiro e o quarto concílios ecumênicos: Éfeso e Calcedônia

Antes de tratarmos dos meandros e das discussões dos Concílios de Éfeso e de Calcedônia, precisamos falar dos principais personagens que estiveram por trás das controvérsias teológicas desse período. Nestório foi um desses personagens. Pouco sabemos sobre sua vida, a não ser que nasceu em Antioquia, no fim do século IV, e morreu exilado no deserto do norte da África, em 450 (Olson, 2001, p. 215). Em 428, o Imperador Teodósio II nomeou-o bispo de Constantinopla. Em Alexandria, o bispo era Cirilo, que presidiu as Igrejas dessa cidade egípcia de 412 a 444. A história de Cirilo tem algumas máculas, pois ele teria enviado espiões a Constantinopla para pegar Nestório em alguma heresia. Além disso, havia algumas suspeitas de que Cirilo tivesse as mesmas concepções cristológicas de Apolinário[4].

Uma das principais controvérsias de Nestório esteve relacionada com as discussões em torno de Maria. As igrejas ortodoxas orientais usavam o termo *theotokos* para se referirem a ela. O termo significa, em grego, "portadora de Deus", mas também poderia significar "mãe de Deus". A bem da verdade é que se tornou comum

---
4   Apolinário (310-390) foi bispo de Laodiceia e negava que Jesus tivesse uma alma humana racional.

atribuir o título de *Theotokos* à Maria. Assim que assumiu o bispado em Constantinopla, Nestório proferiu um sermão no qual condenava o uso desse título a Maria. Em seu enfático discurso, dirigiu-se à congregação, que, na ocasião, estava composta de clérigos visitantes e membros da corte imperial, afirmando que nenhum cristão podia se referir à Maria como "portadora de Deus". Seu principal argumento era o de que seria um erro chamar de Deus a quem tem dois ou três meses de idade. O grande problema era que Nestório considerava que havia grande confusão no que diz respeito às duas naturezas de Jesus.

Nestório seguia a cristologia de Teodoro de Mopsuéstia, segundo a qual a natureza divina não pode nascer, assim como também não pode morrer. Portanto, a natureza divina é incorruptível, perfeita e imutável. Muito embora a natureza humana de Jesus fosse originária de Maria, isso não se aplicava à natureza divina. Nesse contexto, Nestório não tinha problemas com a veneração de Maria e, por isso mesmo, propôs um novo título a ela: *christokos*, cujo significado é "portadora de Cristo". Ele argumentava que, teologicamente, é correto dizer que "Cristo nasceu de uma mulher"; em contrapartida, era incorreto afirmar que "Deus nasceu de uma mulher".

Em momento algum, Nestório estava negando a divindade de Jesus Cristo, nem era defensor do arianismo. Muito pelo contrário. Ele concordava com a teologia trinitária promulgada no Concílio de Niceia, a qual afirmou a igual divindade do Pai, do Filho e do Espírito Santo. Também em momento algum Nestório negou o nascimento virginal de Jesus Cristo. De acordo com Olson (2001, p. 217):

> Para Nestório, a Virgem Maria deu à luz o homem Jesus Cristo que, desde o momento da sua concepção, estava intimamente unido ao eterno logos de Deus. Pelo menos no início, ele estava simplesmente interpretando e aplicando a clássica cristologia antioquena de seu mentor, Teodoro de Mopsuéstia.

Para Nestório, um único ser não pode ser, ao mesmo tempo, plenamente humano e plenamente divino. Ele defendia que essas duas realidades eram mutuamente exclusivas. Sua lógica era a seguinte: ao dizer que Maria deu à luz Deus, na verdade, estava se negando que Jesus era um ser humano assim como os outros. Esse e outros argumentos foram escritos por Nestório em sua encíclica pascal de 429. Ao tornar oficiais as suas declarações, o patriarca de Constantinopla considerou uma heresia o conceito teológico de *theotokos* aplicado à Maria, postura que foi vista com extrema desconfiança por outras tendências teológicas.

Alguns alexandrinos que residiam em Constantinopla começaram a espalhar cartazes perto das igrejas com frases de Nestório e de Paulo de Samosata, cuja heresia adocionista tinha sido condenada pela Igreja 200 antes. O objetivo desses alexandrinos era o de colocar a imagem de Nestório com declarações heréticas e heterodoxas. Quando analisamos a produção literária de Nestório, constatamos que ele não produziu grandes clássicos de teologia cristã. Parte considerável de seus escritos estavam no formato de epístolas e, segundo os críticos, eram textos confusos e ambíguos. Apesar disso, o âmago do pensamento de Nestório eram as duas naturezas de Cristo, de modo que elas seriam duas realidades. Em outras palavras, Nestório afirmava que Jesus Cristo era duas pessoas. A encarnação era a habitação mútua de duas pessoas distintas, uma na outra: o Filho de Deus e o ser humano Jesus. Portanto, em Jesus Cristo, Deus uniu a pessoa divina com a pessoa humana, sem, contudo, destruir ou anular nenhuma delas.

Obviamente, surgiram questionamentos sobre como duas pessoas poderiam ser uma só. Para tentar explicar isso, Nestório argumentou que havia um tipo de união especial que ele denominou *synapheia*, cuja origem semântica remete à ideia de "conjunção". Desse modo, Jesus era uma espécie de conjunção da pessoa divina com a pessoa humana; essas duas naturezas teriam formado uma íntima união. Um dos críticos mais contumazes de Nestório foi Cirilo. Uma das contribuições originais de Cirilo para a cristologia foi sua elaboração sobre a união hipostática. Essa doutrina tornou-se um dos fundamentos da Igreja no que diz respeito à encarnação de Deus em Cristo. Em síntese, essa explicação afirmava que Jesus Cristo, na condição de Filho de Deus, assumiu uma natureza humana, sem, contudo, deixar de ser plenamente divino. "A *hipostasis* (subsistência pessoal) de Jesus Cristo era o eterno Filho de Deus que condescendeu em assumir a carne humana através de Maria. Segundo o argumento de Cirilo, Maria deu à luz Deus em carne" (Olson, 2001, p. 222). Cirilo, diferentemente de outros grupos, reconhecia a psicologia humana de Jesus, ou seja, admitia que, muito embora Jesus fosse divino, ele também tinha uma alma humana. Em Lucas 2:40, está escrito que "o menino crescia em sabedoria e graça diante de Deus e dos homens". Esse texto era uma das bases de onde Cirilo argumentava a favor de uma psicologia humana real em Jesus. De acordo com a fórmula de Cirilo: Deus, o logos, não entrou em um homem, mas ele, "verdadeiramente", tornou-se homem, sem deixar de ser Deus (Olson, 2001, p. 223).

Cirilo rejeitou a ideia da "conjunção" da união e preferiu falar na união hipostática, ou seja, a união de duas realidades em um só *hypostasis*. Essa referida união entre a natureza humana e a natureza divina na única *hypostasis* do *logos* era tão evidente que deveríamos falar de uma única natureza depois da união. Pelo fato de Cristo ter tido uma só natureza, Cirilo se agarrava no princípio da *communicatio idiomatun*[5] para falar sobre a encarnação. Por intermédio da referida encarnação, a pessoa de Jesus era tanto divina como humana. Desse modo, Cristo nasceu, cresceu, passou pelos sofrimentos impostos pela existência e morreu; o ser humano Jesus realizou ações miraculosas, como cura divina, perdoou os pecados e venceu a morte. De acordo com Cirilo, não significa dizer que eram duas pessoas distintas, mas que era uma única pessoa com duas formas de ser e agir.

Como era de costume na época, Cirilo escreveu várias cartas a Nestório advertindo-o a mudar seus posicionamentos teológicos sobre Cristo. Entretanto, Nestório não renunciou à sua cristologia. Em razão dessa recusa, Cirilo recorreu ao bispo de Roma, solicitando-lhe um concílio ecumênico a fim de resolver essa questão teológica. O concílio se reuniu em Éfeso em 431 e Nestório foi deposto de seu cargo de patriarca de Constantinopla, além de ter tido sua doutrina condenada. Os padres conciliares aprovaram uma carta de Cirilo, considerada uma profissão de fé. Veja, a seguir, um trecho:

> *Afirmamos, além disto, que, embora as duas naturezas sejam diferentes uma da outra, elas se uniram em verdadeira união, de tal modo que de ambas resulta um só Cristo e Filho. Isto não quer dizer que desapareceu a diferença das naturezas por causa da união, mas, sim, que a Divindade e a humanidade, por um misterioso concurso em prol da unidade, constituem um só Senhor e Cristo. Não se diga que num primeiro momento nasceu da Santa Virgem um homem, no qual, num segundo momento, desceu o Verbo.*

---

5   Essa é uma expressão latina que, traduzida, significa "comunicação de propriedades". Ela se refere às propriedades (características) de ambas as naturezas de Jesus, a humana e a divina, que se uniram formando uma única pessoa.

Mas, sim, afirmamos que desde o seio materno o Verbo se uniu à carne humana, de tal maneira que tornou sua a geração carnal. E assim os Santos Padres não hesitaram em chamar Theotókos (Mãe de Deus) a Santa Virgem. Isto não significa que a natureza do Verbo ou a sua Divindade tenha tido origem no seio da Santa Virgem, mas, sim, que foi gerado por ela o corpo santo, animado e racional, ao qual se uniu segundo a pessoa, o Verbo; em consequência, este foi gerado segundo a carne. (Olson, 2001, p. 234)

A realização do Concílio de Éfeso não significou o fim das controvérsias teológicas. Eutiques, abade de um mosteiro em Constantinopla, afirmava que, depois de se tornar homem, Cristo tinha apenas uma natureza. Entretanto, sua humanidade era de uma essência diferente da nossa. Por consequência de seus ensinos, Eutiques foi excomungado na cidade de Constantinopla. O assunto foi levado para o Papa Leão I e, em 449, houve a convocação de um sínodo, na cidade de Éfeso. Na ocasião, Eutiques foi reintegrado a seu cargo, mas seus oponentes não se deram por vencidos; em 451, foi realizado outro sínodo, dessa vez, em Calcedônia. Ali, as doutrinas de Eutiques foram rechaçadas. Sobre as fórmulas aprovadas em Calcedônia, Hägglund (1995, p. 83) afirma que:

Esta fórmula rejeitava, não apenas Nestório, mas também Eutiques, o que quer dizer que repudiava tanto o diofisitismo extremado como o monofisitismo radical. Por um lado Calcedônia condenava os que procuravam "dois filhos", e por outro, os que presumiam a existência de duas naturezas antes da união, mas uma só depois da união.

Veja a seguir um trecho da definição de fé promulgada no Concílio de Calcedônia:

Mas, dado que aqueles que tratam de frear o anúncio da verdade, com suas heresias, cunharam novas expressões: alguns tratam de alterar o mistério da economia da encarnação do Senhor para nós, rechaçando a expressão Teotokos [Mãe de Deus] para a Virgem; outros introduzem confusão, misturam e imaginam bobamente que é uma única aquela natureza da carne e aquela outra da divindade; e sustentam absurdamente que a natureza divina do unigênito pela confusão possa sofrer; por tudo isso, o atual, santo, magno e universal sínodo, querendo impedir toda reação contra a verdade, ensina que o conteúdo desta predicação foi sempre idêntico, e estabelece, primeiro que tudo, que a fé dos 318 santos padres deve ser intangível; confirma a doutrina em torno da natureza do Espírito, transmitida em tempos posteriores pelos padres reunidos na cidade real, contra aqueles que combateram ao Espírito Santo, doutrina que eles declararam a todos, não certamente para adicionar nada ao que antes se sustentava, a não ser para demonstrar com o testemunho da escritura, seu pensamento sobre o Espírito Santo, contra aqueles que tratavam de negar o senhorio. Contra aqueles, em seguida, que tratam de alterar o mistério da economia, e alegam que seja só homem aquele que nasceu da Santa Virgem Maria, (este concílio) faz suas as cartas sinodais do bem-aventurado Cirilo, que foi pastor da Igreja de Alexandria, a Nestório e aos orientais, como adequadas tanto para contradizer a loucura nestoriana, para dar uma clara explicação àqueles que desejassem conhecer com piedoso zelo o verdadeiro sentido do símbolo de salvação. A isto apontou, e com justiça, contra as falsas concepções e para a confirmação da verdadeira doutrina, a carta do Pontífice Leão, muito santo arcebispo da enorme e antiquíssima cidade de Roma, escrita ao arcebispo Flaviano, da santa memória, para refutar a malvada concepção de Eutiques; ela, de fato, está em harmonia com a confissão do grande Pedro; e é, para nós, uma coluna comum. (Este concílio), de fato, opõe-se àqueles que tratam de separar em dois fios o mistério da divina economia; separam-se do sagrado consenso aqueles que se atrevem a declarar passível a divindade do Unigênito; resiste àqueles que pensam em uma mistura ou confusão das duas naturezas de Cristo, e expulsa aqueles que afirmam, insanamente, que tenha sido celestial, ou de qualquer outra substância, a forma humana de servo que Ele assumiu de nós, e excomunga, enfim, aqueles que fabulam de duas naturezas do senhor antes da união e uma só depois desta união.

(Ecclesia Brasil, 2020)

 O Concílio de Calcedônia reafirmou as posições de Niceia com respeito à cristologia. Além disso, manteve o dogma da unidade da pessoa de Cristo e estabeleceu as duas naturezas d'Ele. O concílio concluiu que a divindade e a humanidade de Jesus existiram em perfeita harmonia e eram inseparáveis, ou seja, a natureza humana e a natureza divina constituíram uma única pessoa.

 O credo promulgado em Calcedônia evidenciou a crença de que somente um Cristo, plenamente Deus e plenamente homem, teria condições de executar a obra expiatória e de redenção da humanidade. Por isso mesmo, o *Credo de Calcedônia* se tornou o padrão da ortodoxia cristã.

Síntese

Os conteúdos abordados neste capítulo estão sintetizados no quadro a seguir:

Quadro 2.1 – Síntese do Capítulo 2

Personagem/ Fato	Quem foi	Causas	Influência na história da teologia
Orígenes	Discípulo de Clemente e um dos mais destacados teólogos da Igreja na Antiguidade.	Escola de Interpretação Bíblica, que valorizava o sentido alegórico do texto.	Seu método alegórico influenciou, por séculos, a interpretação bíblica da Igreja.
Constantino	Imperador	Estabeleceu neutralidade e liberdade em relação às religiões praticadas no império.	Fortalecimento da ideia de cristandade.
Concílios	Grandes conclaves da Antiguidade, cuja finalidade era discutir as controvérsias teológicas.	Discutir a natureza do Cristo.	Sistematizaram as primeiras ortodoxias cristãs ainda presentes nas doutrinas cristãs.

Atividades de autoavaliação

1. Assinale a alternativa que expressa corretamente os sentidos do texto bíblico para Clemente e Orígenes:
    a) Criaram uma escola de interpretação bíblica em Alexandria, cujo foco era o sentido literal do texto bíblico.
    b) Para eles, o sentido literal é o mesmo do figurado.
    c) Sentido moral é aquele que aponta para a escatologia.

d) Sentido espiritual é aquele relacionado com a ética.
e) Orígenes também considerava o sentido espiritual mais importante.

2. Assinale a alternativa que identifica corretamente as características da cristandade:
   a) A partir do final do século III e início do século IV, a perseguição aos cristãos cresceu consideravelmente.
   b) Em 150, acontecera a muito questionada conversão de Constantino, e boa parte da elite romana seguiu os passos do imperador.
   c) O fim da perseguição aos cristãos já foi, erroneamente, associado ao Édito de Milão em 313, mas ele ocorreu dois anos antes, com o Édito de Galério.
   d) Em 380, o Imperador Teodósio I decretou o Édito de Madri.
   e) Nos quatro primeiros séculos do cristianismo, principalmente, houve um distanciamento muito relevante do pensamento filosófico grego a fim de sistematizar melhor a fé cristã.

3. Assinale a alternativa que identifica corretamente os principais fatos relacionados ao Concílio de Niceia:
   a) O concílio na cidade de Niceia reuniu, na abertura, 32 bispos, 15 deles solidários a contrários a Ário.
   b) O processo contra Ário foi dirigido pelo próprio Alexandre, auxiliado por seu assistente Atanásio, que, no futuro, o sucederia no episcopado de Alexandria.
   c) A teologia de Atanásio procurou demonstrar que Jesus era, de fato, uma criatura de Deus-Pai.
   d) Enfraquecido, o Imperador Constantino não exerceu nenhuma ingerência no concílio.
   e) Os teólogos capadócios foram grandes críticos e opositores do concílio.

4. Assinale a alternativa que identifica corretamente os principais fatos relacionados ao Concílio de Constantinopla:
   a) Apesar do relativo sucesso do Concílio de Niceia, os arianos não se deram por vencidos, muito pelo contrário, além deles, surgiram outros grupos que ensinavam doutrinas contrárias aos principais postulados teológicos da Igreja.
   b) Os semiarianos procuravam seguir um curso intermediário entre o Credo de Niceia e o gnosticismo.
   c) Os defensores de semiarianismo eram Cirilo de Jerusalém e Basílio de Ancira.
   d) O Concílio de Constantinopla, composto por 150 bispos, se reuniu em maio de 381, para reafirmar a posição dos semiarianos.
   e) O Concílio de Constantinopla sacramentou o emprego dos termos *mente* e *espiritualidade* com o objetivo de explicar a Trindade.

5. Assinale a alternativa que identifica corretamente os principais fatos relacionados ao Concílio de Éfeso:
   a) Uma das principais controvérsias de Nestório esteve relacionada com as discussões em torno do Espírito Santo.
   b) As igrejas ortodoxas orientais usavam o termo *theotokos* para se referirem a Jesus.
   c) Nestório seguia a cristologia de Teodoro de Mopsuéstia, segundo a qual a natureza divina não pode nascer, assim como também não poderia morrer.
   d) A conclusão do concílio foi de que as duas naturezas de Jesus se uniram formando, assim, uma terceira natureza, diferente dos seres humanos, afinal, ele era Deus.
   e) A realização do Concílio de Éfeso significou o fim das controvérsias teológicas.

Atividades de aprendizagem

Questões para reflexão

1. Qual a importância do credo apostólico para a teologia cristã deste na Antiguidade? Reproduza o credo aqui e estabeleça relações deste com alguns dos principais temas da teologia cristã em sua fase inicial.

2. Neste capítulo, nossa abordagem foi sobre os concílios. Com base nesses estudos, responda: Como podemos definir *concílio* e por que foram chamados de *ecumênicos*?

Atividade aplicada: prática

1. Reproduza mapas da Antiguidade com as cidades onde aconteceram os concílios. Em seguida, produza um pequeno texto explicando a importância dessas cidades nos primórdios da teologia cristã.

capítulo três

A teologia (grega) oriental e a teologia (latina) ocidental

03

Neste capítulo, enfocaremos as principais características do monasticismo e a influência desse movimento na teologia cristã. Os monastérios eram lugares onde os religiosos viviam em devoção, ou seja, "casas espirituais" de religiosos que buscavam o mesmo objetivo: viver em conexão com Deus. Alguns desses lugares pareciam verdadeiros palácios, onde os religiosos viviam com o objetivo de se consagrarem a Deus sob uma *Regra*.

Os principais fatores que ocasionaram a divisão da Igreja também serão assunto deste capítulo. No ano de 395, a divisão do Império Romano deu origem ao Império Romano do Ocidente, cujo centro era a cidade de Roma, e ao Império Romano do Oriente[1], cuja capital era cidade de Constantinopla. Assim, havia uma Igreja

---

1 O Império Romano do Oriente, cuja sede ficava em Constantinopla (atual Istambul), com o tempo passou a ser denominado *Império Bizantino*.

com sede na cidade romana e outra na cidade de Constantinopla. A Igreja ocidental deu origem à Igreja católica e a oriental, à Igreja Ortodoxa. Em 476, ocorreu a queda do Império Romano do Ocidente e a deposição de seu último imperador, Rômulo Augusto. Uma das causas da queda desse império foi a invasão dos bárbaros, que se intensificou a partir de 404. Áreas extensas do império passaram a ser ocupadas pelos godos, vândalos e visigodos. Em 410, Roma foi saqueada pelos godos, evento que levou Santo Agostinho a escrever um livro que se tornaria uma das obras-primas da literatura cristã, *A cidade de Deus*, para explicar como Deus permitiria que tal fato acontecesse.

Desde o século V, a Igreja no Oriente e a Igreja no Ocidente tinham muitas diferenças entre si, porém, em 1054, as referidas divisões se acentuaram, provocando grande cisma. O principal objetivo, aqui, é situar você nas principais tendências teológicas da Igreja ocidental e da Igreja oriental. A primeira dava mais ênfase à eclesiologia, ou seja, a aspectos teológicos mais práticos, enquanto os teólogos da segunda se ocupavam de temas teológicos mais teóricos.

3.1 Monasticismo cristão oriental

O termo *monasticismo* deriva da palavra **monastério**, junção dos termos gregos *monos*, que significa "sozinho", e *terion*, que significa "lugar para fazer algo". Essa palavra expressa, portanto, que os monges cristãos eram solitários, sozinhos, eremitas. Então, vida monástica cristã, no princípio, era a escolha por um modo de vida: viver solitariamente para meditar, refletir e orar; se possível, bem afastado da comunidade.

Com o passar do tempo, aqueles que tinham o mesmo ponto de vista "espiritual" foram se agrupando para viver em comunidades. O estilo de vida dessas pessoas recebeu o nome de **vida monástica**. Essas comunidades com pequenos grupos foram se multiplicando e dando origem aos futuros mosteiros e abadias medievais. A palavra *abadia* deriva do aramaico *abba*, que significa "pai", termo usado no Novo Testamento, como vemos em Marcos 14:36. Portanto, a palavra, do latim *abbatia,* tem origem no termo aramaico.

Para entendermos esse momento, devemos considerar que a Igreja romana pós-Constantino foi abandonando, gradativamente, o que se chama de estilo de vida dos cristãos primitivos, deixando de observar o modo de vida e os ensinos apostólicos:

> *A resposta de muitos não se fez esperar: fugir da sociedade humana; abandonar tudo; subjugar o corpo e as paixões que dão ocasião à tentação. Assim, ao mesmo tempo em que a Igreja se enchia de milhares que pediam o batismo, houve um verdadeiro êxodo de outros milhares que procuravam a santidade na solidão.* (González, 2004b, p. 146)

É inquestionável a relevância do movimento monástico cristão oriental para formação da cristandade até os dias contemporâneos. Os religiosos monásticos do Oriente eram habilidosos e zelosos e contribuíram grandemente para a pesquisa e para a preservação da história eclesiástica da Antiguidade. Entre outras atribuições, eram educadores, copistas, escritores, "sonhadores". No entanto, desconsideramos, neste momento, os possíveis pontos negativos, como alguns monges radicais orientais que, com seu comportamento fanático, faziam sacrifícios absurdos para alcançar a santidade e agradar a Deus.

O monasticismo cristão oriental pode não ter sido exclusivo do Egito nos séculos III, IV e V, contudo, inquestionavelmente, foi nesse contexto geográfico e temporal que ele adquiriu credibilidade e impulsão. Segundo fontes históricas, atraía devotos de todas as partes do mundo cristão.

No monasticismo oriental, destacamos o pioneiro da vida eremita primitiva individual, o anacoreta Santo Antão do Egito, Santo Antão do Deserto, ou, ainda, chamado Santo Antônio, o Grande (251-346). A palavra *eremita* tem origem no grego *eremités*, que se refere à pessoa que vive no "deserto", que evita a convivência social, isto é, tem uma vida solitária, afastada da sociedade.

Muitos consideram que Antão foi o primeiro monge. Ele foi motivado pelas palavras de Jesus ao jovem rico: "vende os teus bens, dá aos pobres e terás um tesouro no céu; depois, vem e segue-me" (Mt 19:21). Segundo relatos, viveu até os 105 anos e fez, na juventude, o que o mestre dissera: com cerca de 20 anos, distribuiu seus bens aos pobres e passou a viver solitariamente. Porém, foram muitas as lutas travadas contra todo tipo de mal.

O exemplo de Antônio provou ser contagiante; ele teve centenas de imitadores. Seu amigo Atanásio escreveu: "A manifestação de ascéticos solitários se dá de um lado ou de outro da Terra". Essa onda repentina de abnegação coincide, de maneira geral, com a igualmente repentina popularidade do cristianismo. (Shelley, 2004, p. 33)

Outras obras consideram como pioneiro da vida cenobítica[2] Pacômio (292-346). Era filho de pais pagãos, envolvidos na idolatria, porém nunca foi simpatizante desse tipo de religiosidade. Ele pode não ter sido o primeiro a adotar essa forma de monasticismo, mas, com certeza, deu o padrão, formalizando o "cenobitismo" cristão egípcio.

---

2 Quem escolhe viver em comunidade.

Segundo algumas pesquisas, ele é conhecido simplesmente por *Pacômio*, ou, como alguns o chamam, *São Pachomius de Tabenna*, pois nasceu em Tebas. É chamado ainda de *Abba Pacômio*, ou seja, "Pai Pacômio". Alguns consideram que aí está a origem dos futuros termos medievais para *abade*, *abadia*.

Era um soldado do Império Romano que, estando em cativeiro, conheceu cristãos de vidas piedosas que ajudavam os aflitos e os consolavam, além de alimentarem pessoas famintas. Comovido, quando saiu do exército, aprofundou seu conhecimento sobre os cristãos e converteu-se, tornando-se também um cristão. Atribui-se a ele o estabelecimento da vida comunitária no monastério e regrada por preceitos, uma vida monástica organizada numa comunidade religiosa com objetivos comuns. Nessas comunidades, havia disciplina, organização e horários certos para as atividades, como orar, comer, trabalhar.

Esse breve resumo do monasticismo cristão que apresentamos focou o pioneirismo oriental. Nossa intenção foi mostrar que esse estilo de vida de alguns cristãos já fazia parte da cristandade no contexto do Império Romano em torno do século IV. A seguir, abordaremos o monasticismo cristão a partir da queda do império, portanto, no período medieval, focando o desenvolvimento do monasticismo ocidental.

3.2 Monasticismo cristão ocidental

É importante salientar que, a partir do século V, com São Bento de Núrsia (480-547), a vida monástica cristã ocidental da Igreja romana abraçou um crescimento considerável e construiu um novo estilo de vida no monasticismo, sem os exageros observados, especialmente, na vida ascética eremita do monasticismo cristão oriental. O modo de vida dos anacoretas eremitas[3], de certa forma, não teve muita aceitação pela Igreja cristã da Europa Ocidental. Geralmente diferente do monasticismo oriental, a Igreja ocidental optou – ou se adaptou a – pela vida monástica em comunidade.

Entenderam que, para voltar aos princípios e comportamento dos cristãos da Igreja primitiva apostólica e agradar a Deus, não precisavam, necessariamente, morar no deserto. Como comprovado pela história do monasticismo, essa atitude de viver "solitário no deserto" nem sempre é sinônimo de espiritualidade.

Em 529, São Bento de Núrsia, considerado por muitos estudiosos o verdadeiro fundador do monasticismo ocidental, fundou o mosteiro de Monte Cassino, na Itália. Nesse tempo, fundou a Ordem dos Beneditinos, considerada a primeira grande ordem religiosa do Ocidente, e formalizou a chamada *Regra de São Bento*. Sendo assim, havia um mosteiro, um abade, monges e uma Regra. Nasceu, então, a famosa ordem beneditina.

As regras monásticas foram criadas para disciplinar, regulamentar a vida dos monges nos mosteiros medievais. Por isso, São Bento de Núrsia elaborou a *Regra* para o mosteiro beneditino de Monte Cassino. Esse conjunto de normas e princípios tornou-se modelo para todo o mundo cristão europeu medieval, a base para a praticidade da vida cristã monástica nos mosteiros e nas abadias na Europa Ocidental. Considerada, por muitos religiosos, a mais importante, especialmente, no que se refere à normatização moderada para a vida dos monges, a *Regra* orienta para uma vida

---

3 Religiosos que viviam de maneira isolada.

com equilíbrio espiritual, sem os exageros pertinentes ao mundo monástico cristão de alguns religiosos medievais.

> O enorme impacto dessa Regra não proveio da sua extensão, pois ela continha somente 73 breves capítulos, que podem ser lidos facilmente em uma ou duas horas. O impacto proveio do fato de a Regra ordenar a vida monástica de forma concisa e clara, de acordo com o temperamento e as necessidades da Igreja ocidental. (González, 2004b, p. 253)

Segundo ela, a vida dos monges beneditinos deveria ser dedicada à oração, ao trabalho, com humildade, obediência e castidade. Os princípios da *Regra* beneditina são resumidos por alguns escritores como: "*ora, labora et legere*" – traduzindo: "ora, trabalha e lê". Está bem patente que o monasticismo pregado por São Bento rejeitava a ociosidade e estimulava o trabalho, a devoção, a caridade. Cada mosteiro ou abadia tinha o seu abade ou abadessa, que lideravam, respectivamente, os monges e as monjas, e o abade primaz podia representar vários mosteiros.

> O líder inconteste do monasticismo ocidental foi Bento de Núrsia. [...] Em 529, fundou o mosteiro de Monte Cassino, que sobreviveu até a Segunda Guerra Mundial, quando foi bombardeado. Logo, vários mosteiros estavam sob seu controle, seguindo seu plano de organização, trabalho e culto, isto é, seguindo a sua Regra. Cada mosteiro era considerado como uma unidade autossuficiente e autodirigida ou como uma guarnição dos soldados de Cristo. O dia era dividido em períodos dos quais culto e obra eram partes integrantes. Os regulamentos que elaborou previam pouca alimentação para os monges, mas permitiam fartura de peixes, azeite, manteiga, pão, vegetais e frutas em sua dieta. (Cairns, 1992, p. 125)

Apesar de alguns historiadores ainda considerarem que, no período medieval, só existiram trevas, é preciso considerar o trabalho positivo na área da educação dos monges nos mosteiros beneditinos. Alguns mosteiros se tornaram verdadeiros centros de estudos, escolas onde, além do ensino, preservava-se a cultura clássica para a posteridade. Esses mosteiros eram privilegiados num contexto em que poucos tinham acesso à leitura, pois a maioria esmagadora não sabia nem ler nem escrever, quanto mais ter acesso ao conhecimento da literatura da Antiguidade clássica.

Vários manuscritos foram copiados e preservados da Antiguidade cristã, inclusive, a Bíblia. Ainda que pouquíssimas pessoas tivessem acesso à educação – e independentemente do entendimento teológico do período em pauta –, é necessário reconhecer tantas outras contribuições dos monges beneditinos: agricultura, caridade, hospitalidade, missões aos povos bárbaros.

Figura 3.1 – Representação de um monastério

Nas missões que ajudaram a cristianizar os bárbaros, visando à expansão da fé romana, destacam-se dois missionários beneditinos: no século VI, Agostinho, primeiro arcebispo de Cantuária, na Inglaterra, chamado de *Apóstolo dos Ingleses*; no século VII, o missionário Bonifácio, denominado o Apóstolo dos Germanos. Ambos foram missionários dedicados, que correram risco de morte para empreender missões em meio a povos desconhecidos e com fama de cruéis. Para alcançar seus objetivos religiosos – e por que não dizer, também, políticos –, a Igreja romana medieval precisava cristianizar os novos moradores ou "senhores" da Europa.

Com isso, a Igreja de Roma ampliava o seu poder religioso e político na Alta Idade Média, fazendo alianças com os reis bárbaros convertidos ao catolicismo romano. É inquestionável que, no contexto medieval, o monasticismo beneditino contribuiu para o avanço do cristianismo romano ocidental entre os povos conquistados e para a credibilidade do catolicismo, pelo menos, por um bom período. Contudo, posteriormente, notamos a corrupção da Igreja romana em meio aos momentos conturbados pelos quais passara a cristandade no tempo feudal.

Esse é o retrato do cristianismo nominal, ou seja, se um rei se "convertia", todos os súditos se "convertiam". Era uma multidão olhando ou para a cruz ou para a espada. A primeira preparada para os que iriam se curvar "voluntariamente" à nova religião, e a segunda, para os rebeldes pagãos que negariam o batismo cristão.

Este era o jeito de "evangelizar": fazer missões e promover o extraordinário crescimento da cristandade romana medieval. Essa religião adotou um método que fazia o cristianismo avançar: a religião do rei é a religião do povo. Podemos dizer, então, que o povo não precisava entender, bastava servir ao clero e ao rei. Afinal, asseguravam os clérigos, essa era a vontade de Deus!

3.3 Aspectos teológicos do grande cisma

Entre os anos 313 e 590, cada bispo da Igreja era um igual, porém, com Gregório I, a Igreja tornou-se **católica romana**, quando o bispo de Roma passou a ter a supremacia sobre os demais bispos.

Gregório nasceu numa família aristocrática, por volta de 540. Recebeu uma educação jurídica e estudou latim, além de ter familiaridade com os escritos de Agostinho, Jerônimo e Ambrósio. Em 573, Gregório foi escolhido para ser prefeito da cidade de Roma, todavia, logo depois, renunciou à fortuna que herdara do pai, fundou sete mosteiros e se tornou monge. Para ele, viver uma vida ascética, como a vida dos monges, era uma maneira de glorificar a Deus. Em 590, Gregório se tornou o novo bispo da cidade de Roma. Os historiadores da Igreja o consideram o primeiro papa e teólogo medieval do Ocidente.

No período em que foi bispo de Roma, a Igreja prosperou em razão das habilidades administrativas de Gregório, no entanto, ele se recusava a ser chamado de *papa universal* pois preferia o título de *servo dos servos*. Apesar disso, ele destacava a primazia de Roma em relação às outras igrejas do império. Foi um profícuo escritor de obras teológicas. Fazia suas elaborações por meio de cartas, das quais conhece-se cerca de 850. Gregório morreu em 604, mas sua influência ainda foi sentida por muitos séculos.

Ele também dedicou boa parte de suas obras para tratar de assuntos relacionados à salvação e, mais uma vez, procurou ler e interpretar os escritos de Agostinho. No entanto, para muitos, o discurso de Gregório não era de todo coerente. Quando queria falar a respeito da soberania de Deus, que alcança os homens, que estão mortos no pecado, Gregório citava Agostinho; no entanto, quando ele queria chamar as pessoas a viver uma vida de piedade e negação do pecado, ele se parecia muito com o discurso de Pelágio[4]. Segundo Hägglund (2003), no trecho citado a seguir, ao mesmo tempo em que Gregório fala da graça divina, ele também fala do mérito humano:

> *Gregório aceitou a doutrina da graça de Agostinho, em forma simplificada, e a transmitiu à Idade Média. Ensinou que o amor e a graça de Deus precedem a ação do homem. O mérito não precede a graça, uma vez que a vontade humana é incapaz de fazer o bem. A graça preparatória transforma a vontade. Na realização daquilo que é bom, a graça coopera com o livre arbítrio. O bem portanto, pode ser atribuído tanto a Deus como ao homem, a Deus por causa de sua graça preveniente, e ao homem por causa de seu livre-arbítrio. O objetivo da graça é o de produzir boas obras, que podem ser recompensadas. A ideia de mérito e recompensa é pressuposto fundamental aí, bem como na teologia medieval em geral.* (Hägglund, 2003, p. 124)

Para Gregório, poderia haver uma interpretação errônea de Agostinho e as pessoas entrarem num estado de "graça barata", como se os homens não fossem também responsáveis por seus atos. Portanto, ele dizia que as orações, as penitências, as boas obras, as missas eram maneiras de se alcançar o favor divino.

Tanto a Igreja do Ocidente como a Igreja do Oriente tinham sua própria cultura teológica e eclesiástica. Por exemplo, nenhum sacerdote da Igreja do Oriente tinha autoridade comparada à do papa romano. O Patriarca de Constantinopla, reconhecido líder da

---

4   Teólogo britânico que atuou em Roma na última década do século IV e primeira década do século V. Não há nenhuma informação confiável acerca da data de seu nascimento e de sua morte. Pelágio foi um reformador moral cuja teologia da graça e do pecado o colocou em confronto com Agostinho, levando à controvérsia pelagiana. As ideias são conhecidas, em sua maior parte, por intermédio dos escritos de seus oponentes, especialmente Agostinho.

Igreja do Oriente desde o século VII, era, na verdade, indicado pelo imperador e, em contrapartida, dava a benção da Igreja à coroação imperial. Os sacerdotes comuns, muitas vezes, se casavam, embora os sacerdotes da Igreja ocidental fossem celibatários. Outra diferença entre as duas Igrejas é que, ao longo dos séculos, as grandes discussões teológicas aconteceram na Igreja oriental. Os grandes concílios, como os que já estudamos – Concílio de Niceia e Concílio de Calcedônia, por exemplo – aconteceram na Igreja do Oriente.

O imperador do lado oriental era, sobremodo, reverenciado. Como sinal de respeito, os súditos tinham de se ajoelhar e tocar o chão com a testa como sinal de reverência e respeito ao imperador. A arte religiosa retratava o imperador como um agente de Deus, uma encarnação do poder divino, e o Cristo como uma figura real conquistadora, em vez de retratá-lo como o sofredor, humilhado e salvador, como a arte da Igreja ocidental retratava. As imagens dos imperadores do Oriente mostram, em volta de suas cabeças, uma auréola, para evidenciar o seu aspecto divino.

A Igreja do Ocidente olhava para o Oriente e via o imperador governando a Igreja; mas, para a Igreja ocidental, o bispo de Roma era o sucessor dos apóstolos e, por essa razão, cabia a eles, não ao imperador, o governo da Igreja. Em contrapartida, a Igreja oriental dizia que a Igreja ocidental queria efetuar uma monarquia papal, pois um único homem exerce o poder sobre os demais.

Além disso, havia outras discórdias doutrinárias entre as duas Igrejas que se arrastavam há um bom tempo, mas nada foi tão determinante para enfraquecer a relação entre as duas Igrejas como a controvérsia iconoclasta. A palavra *iconoclasta* deriva do grego *ikonoklastés*, formada pelos termos *eikon* ("imagem", "ícone") e *klastés* ("aquele que quebra"), significando, portanto, "destruidor de imagens". Naquele momento, muitas imagens foram quebradas e, no Oriente, as pessoas que queriam manter o culto aos santos sofreram perseguições e torturas, inclusive, muitas foram mortas.

O uso das imagens nos cultos dos cristãos romanos vinha de longa data, a princípio, para adornar, não para adorar. Gradativamente, ao longo dos anos, especialmente, a partir de Constantino, elas foram introduzidas na liturgia dos cultos. Portanto, a adoração das imagens, ou ícones, de santos estava enraizada e sua importância nos templos era incontestável. Como mudar esse modo litúrgico católico romano que estava também sendo aceito pelos povos bárbaros? E mudar para quê? Se o papa, nesse tempo, já era considerado a autoridade máxima sobre a Igreja romana ocidental e, logicamente, a maior autoridade – e, por que não dizer, infalível – nas definições religiosas romanas?

Se o pontífice obedecesse ao imperador de Constantinopla, daria uma guinada nos rumos litúrgicos da Igreja de Roma. Porém, tudo ia bem: o poder papal aumentava, tanto do ponto de vista religioso quanto do ponto de vista temporal. Consequentemente, o crescimento e o poder da Igreja católica romana medieval.

O papa, nesse tempo, era Gregório II (715-731), que, além de não obedecer, ainda condenou fortemente os iconoclastas e a atitude do imperador do Oriente. O Imperador reagiu indo com uma esquadra à Roma, mas encontrou uma grande tempestade, acabando por perder uma parte do exército em um naufrágio. Portanto, não obteve sucesso.

Esses conflitos atravessaram altos e baixos: em certo momento, a veneração às imagens de santos era permitida; em outro, proibida pelo Império Bizantino. Entretanto, o relacionamento entre as partes nunca voltou a ser como antes e o papa, definitivamente, não concordava com os patriarcas e com os imperadores do Oriente em muitas questões. A Igreja ocidental, independentemente das ordens e leis bizantinas que, por vezes, eram alteradas de acordo com o imperador no poder, continuava seguindo as doutrinas e a liturgia tradicionais.

Um fato histórico do século VIII confirma a gravidade da situação: o imperador do Oriente, Leão III, o Isáurico (717-741), simplesmente proibiu dobrar os joelhos diante das imagens de esculturas – também chamadas *ícones religiosos*. Alguns historiadores acreditam que a decisão do imperador do Oriente estava relacionada com os muçulmanos, que acusavam os cristãos de idolatria, pois eles não usavam imagens, eram monoteístas. Os muçulmanos alegavam que as imagens não falavam, não respiravam.

O pontífice não deu mais satisfação ao imperador do Oriente e aliou-se ao Imperador Carlos Magno, chamado Imperador do "renascido" Império Romano. Essa atitude do papa demonstrou um desejo de repúdio do pontífice e de afastamento de qualquer interferência do imperador sobre a Igreja de Roma. Significava que o imperador deveria colocar-se no seu lugar de soberano temporal e respeitar a autoridade do papa, sobretudo nas questões doutrinárias e litúrgicas.

A liturgia não era aceita pelos imperadores do Oriente, porém estava sendo aceita pelos povos bárbaros germânicos. *Liturgia*, nessa abordagem, é tudo o que faz parte do "conjunto de cerimônias" eclesiásticas ou espirituais de uma religião: o culto, o ritual e tudo o que compõe ou faz parte desse culto, como os ícones de "santos" ou dos chamados "deuses". Os ícones fazem parte ou compõem o ritual da liturgia de muitas religiões, como os cristãos romanos, que usavam, e usam, imagens em seus cultos. Excluem-se os muçulmanos, pois não aceitavam, nem aceitam, imagens em seus cultos.

Como entender essa liturgia? O que aconteceu foi uma troca de ícones, ou seja, saíram de cena os ícones pagãos e entraram os ícones cristãos. As imagens dos deuses pagãos cultuadas pelos povos bárbaros tinham sido substituídas pelas imagens da liturgia cristã – imagens dos "santos". Essa substituição, no entanto, estava dando certo, tanto que os povos bárbaros estavam se rendendo à religião romana.

A partir do século VI, tanto a Igreja quanto o governo imperial encorajaram a produção dos ícones e a reverência aos santos homens monásticos. Não imaginavam que a multiplicação descontrolada dos ícones e homens santos levaria as pessoas a restringir sua devoção cristã às imagens e aos santuários locais. A maioria dos cristãos não distinguia entre a pessoa e o objeto sagrado e a realidade espiritual que eles representavam. Eles caíram na idolatria. (Shelley, 2004, p. 167)

O povo (os não cristãos) demorou para aceitar esse processo, mas, paulatinamente, foi acontecendo essa substituição. Na Idade Média, aceitava-se o cristianismo "por bem ou por mal". Como já dissemos, a "conversão" de um rei, geralmente, implicava a "conversão" do povo sob o seu comando.

Porém, nem sempre a "massa popular" obedecia ou conseguia se livrar das correntes do paganismo depois de tanto tempo praticando-o. Como o povo iria entender se os mesmos soberanos que agora reprovavam as práticas pagãs antes adoravam aos deuses? Mas nem clero nem os reis procuravam entender o drama "espiritual" do povo. Por isso, havia grandes perseguições aos pagãos, chamados de *bruxos*, *feiticeiros*, *hereges*. Na verdade, essas perseguições eram bem comuns nesse período.

Por volta do século VIII, o islamismo estava em franca expansão, tentando ampliar seu domínio em todas as partes do mundo, inclusive, conquistar a Europa. Só não conseguiu permanecer e avançar pela Península Ibérica porque Carlos Martel, em 732, na conhecida Batalha de Poitiers, impediu esse avanço. Com o Império Romano do Oriente seria diferente? Os imperadores bizantinos queriam viver em paz com os muçulmanos, que estavam à porta e tinham aversão às imagens. Segundo outros, também houve a influência dos judeus, que eram monoteístas.

Em 786, foi convocado o VII Concílio Ecumênico, porém realizado no ano seguinte em Niceia (787). Nele, foram condenados os "quebradores de imagens" (iconoclastas) e a Igreja, por um tempo, resgatou sua "unidade". Ela conseguiu restabelecer a veneração aos santos e, consequentemente, o culto com a participação das imagens. Porém, por mais cerca de 60 anos, os iconoclastas lutaram contra o uso das imagens, mas foram vencidos definitivamente em 843. Depois de muitas lutas, os ícones reassumiram a posição na liturgia do Oriente. Portanto, esse acontecimento exemplifica e justifica o gradativo distanciamento cada vez mais acentuado entre a Igreja do Ocidente e a do Oriente, e isso empurrava a Igreja Cristã Romana para os braços dos reinos francos.

Seguindo os acontecimentos, no Natal do ano 800, Carlos Magno foi coroado, pelo Papa Leão III (790- 816), o Imperador dos Romanos. Alguns o chamam de *renascimento* do antigo Império Romano, no entanto, este não foi nem sombra daquele. Daí para frente, nunca mais o papa dependeu ou se submeteu às ordens dos imperadores bizantinos.

Era um ato sem precedente. Até poucas gerações antes, a eleição de cada novo papa não era válida enquanto não fosse confirmada pelo imperador de Constantinopla. Agora um papa se atrevia a coroar um rei com o título de imperador, e o fazia sem consulta prévia ao império oriental.

É impossível saber com certeza quais eram os propósitos específicos de Leão ao outorgar a Carlos Magno a dignidade imperial. Uma coisa, porém, estava clara. Desde o tempo de Rômulo Augústulo, não houvera imperador no Ocidente. Em tese, o imperador de Constantinopla o era de todo o Império Romano. ... Agora, em virtude da ação de Leão, havia um imperador no Ocidente, e o papado se colocava definitivamente fora da jurisdição do Império do Oriente. Nascera a cristandade ocidental. (González, 2004b, p. 275)

Todavia, a grande discussão teológica entre as duas Igrejas foi com respeito à cláusula *filioque*, na versão latina do Credo de Niceia (Olson, 2001, p. 188):

> *Creio no Espírito Santo,*
>
> *Senhor, doador da vida*
>
> *E procede do Pai* (e do Filho)
>
> *E com o Pai e o Filho é adorado e glorificado:*
>
> *Que falou pelos profetas*

O complemento entre parênteses – *e do Filho* –, tradução da palavra latina *filioque*, aparece em todas as versões do *Credo de Niceia* da Igreja ocidental. Quando os bispos de Constantinopla ficaram sabendo disso em 850, disseram que ninguém tinha o direito de fazer alterações no *Credo de Niceia* sem uma consulta prévia à Igreja do Oriente. Assim, os sacerdotes orientais argumentavam dizendo que era uma heresia afirmar que o Espírito procede do Pai e do Filho. O resultado disso foi que ambas as Igrejas declararam que a outra estava excomungada da Grande Igreja. Em 1054, o papa de Constantinopla afirmou: "o papa de Roma é herege". Embora, durante os séculos anteriores, essas duas igrejas já fossem divididas, em 1054 o cisma aconteceu de forma definitiva.

Como já citamos, vários fatores políticos colaboraram para o distanciamento, mas as questões religiosas receberam mais ênfase, pois, naturalmente, revelavam as diferenças políticas e culturais entre os dois "mundos" cristãos: Ocidente e Oriente. Os atos históricos da Alta Idade Média também revelam que não havia unanimidade com relação ao poder do "bispo universal", e sim disputas intermináveis pela liderança sobre a Igreja católica apostólica romana.

Ao longo da Idade Média, o poder do papado, às vezes, era disputado pelas autoridades eclesiásticas e, às vezes, também sofria interesses ambiciosos das autoridades civis. Essas disputas, em muitos momentos, protagonizaram grandes agressividades de ambos os lados.

No trecho a seguir, o renomado historiador descreve os últimos momentos da união da Igreja romana. O problema, agora, entre Roma e Constantinopla, era o pão não levedado, usado na cerimônia eucarística da Igreja no Ocidente.

> Miguel Cerulário, patriarca de Constantinopla de 1043 a 1058, condenou a Igreja do Ocidente pelo uso de pão não-levedado na Eucaristia. Esse uso era uma prática que se disseminava no Ocidente a partir do século IX. O Papa Leão IX enviou o cardeal Humberto e dois outros legados ao Oriente para pôr fim à polêmica. Quando as discussões terminaram, as diferenças de opinião eram ainda maiores. No dia 16 de julho de 1054, os legados romanos colocaram, no altar superior da catedral de Santa Sofia, um decreto de excomunhão do patriarca e de seus seguidores. O patriarca não tardou em responder e anatematizou o papa de Roma e seus seguidores. Foi esse o primeiro grande cisma no cristianismo a romper com a unidade da Igreja. Essa mútua excomunhão só foi removida em 7 de dezembro de 1965, por Paulo VI e Atenágoras. (Cairns, 1992, p. 167)

O grande cisma foi um dos momentos mais emblemáticos da história da Igreja. Depois dele, os limites da Teologia Cristã Ocidental e da Teologia Cristã Oriental ficaram ainda mais claros. Ambas continuaram a produzir destacados teólogos, mas com perspectivas bem distintas.

3.4 Teologia oriental: os teólogos capadócios

Os teólogos capadócios foram Basílio de Cesareia (330-379), Gregório de Nissa (330-395) e Gregório Naziano (329-389). Eles foram fundamentais na luta contra os arianos, bem como na consolidação do *Credo de Niceia*. Os capadócios também exerceram papel de suma importância no estabelecimento da divindade do Espírito. De acordo com esses teólogos, a divindade existe em três modos diferentes. Essa abordagem pode ser explicada como uma substância em três pessoas (*hipostaseis*). O ser divino é único, mas existe, ao mesmo tempo, em três modos distintos: Pai, Filho e Espírito Santo. Basílio usa a natureza humana para explicar como é possível uma única substância dentro da Trindade. Uma natureza humana, compartilhada por todas as pessoas, não significa que todos sejam iguais, mas que cada pessoa preserva sua própria individualidade, apesar de terem uma natureza humana comum.

Portanto, cada uma das pessoas que formam a Trindade detém características particulares. O Pai é distinguido pela sua paternidade; o Filho, por sua filiação; e o Espírito Santo, pelo seu papel santificador. O papel exercido pelos teólogos capadócios e por Atanásio foi fundamental para que o Credo de Niceia fosse reescrito, com a inclusão de um terceiro artigo a respeito do Espírito Santo. Isso aconteceu em 381, no Concílio de Constantinopla. Esse novo credo pode ser chamado de *Credo niceno-constantinopolitano*, ou, simplesmente, *Credo de Niceia*:

Creio em um só Deus
Pai, todo-poderoso,
Criador do céu e da terra,
De todas as coisas visíveis e invisíveis.
Creio em um só Senhor, Jesus Cristo,
Filho unigênito de Deus,
Gerado do Pai antes de todos os séculos:
Deus de Deus, Luz da Luz
Deus verdadeiro;
Gerado, não criado
Consubstancial ao Pai
Por ele todas as coisas foram feitas.
E por nós, homens, e para nossa salvação,
Desceu dos céus:
E se encarnou pelo Espirito Santo,
No seio da virgem Maria,
E se fez homem.
Também por nós foi crucificado sob Pôncio Pilatos;
Padeceu e foi sepultado.
Ressuscitou ao terceiro dia,
Conforme as Escrituras
E subiu aos céus,
Onde está sentado à direita do Pai
E de novo há de vir, em sua glória, para julgar os vivos e os mortos;
E seu reino terá fim.
Creio no Espírito Santo,
Senhor, que dá a vida
E procede do Pai
E com o Pai e com o Filho é adorado e glorificado:

> Ele que falou pelos profetas
> Creio na Igreja, uma, santa, católica e apostólica.
> Professo um só batismo para remissão dos pecados.
> E espero a ressurreição dos mortos
> E a vida que há de vir. Amem.
> (Bray, 1984, p. 206-207, tradução nossa)

Gregório, um dos pais capadócios, era de uma família de aristocratas cristãos da região de Nazianzo, onde seu pai, também chamado *Gregório*, era bispo. Estudou retórica com Basílio em Atenas, o futuro bispo de Cesareia, e também com Juliano, o futuro imperador. Aos 30 anos, quando decidiu voltar à sua terra natal, dedicou-se a uma vida ascética em companhia de Basílio.

A relevância teológica de Gregório acha-se no seu esclarecimento das doutrinas trinitariana e cristológica. Embora mantivesse, contra os arianos, a união essencial entre as três pessoas divinas e, portanto, a igualdade entre elas, Gregório forneceu a terminologia necessária para expressar as distinções verdadeiras entre o Pai, o Filho e o Espírito Santo, salvaguardando a Trindade das tendências sabelianas[5].

Na obra *Cinco discursos teológicos sobre a Trindade*, que contém cinco orações teológicas pregadas em Constantinopla, Gregório defendeu a doutrina da Trindade e o relacionamento entre as pessoas que a formam em termos da origem: o Pai é sem origem; o Filho é gerado; o Espírito Santo procede do Pai. Nessas cinco orações, Gregório defendeu a divindade do Filho e do Espírito Santo.

---

5 O sabelianismo negava a doutrina da Trindade, ou seja, afirmava que Deus era uma única pessoa.

3.5 Teologia ocidental: o pensamento de Agostinho de Hipona (354-430)

Agostinho, um dos Pais da Igreja, era polemista capaz, pregador de talento, administrador episcopal competente, teólogo notável e pai da teologia ortodoxa. Ele criou uma filosofia cristã da história, que continua válida até hoje, em sua essência. Nascido em Tagaste, África do Norte (atual Algéria), filho de Patrício, um pagão, e Mônica, uma cristã, Agostinho estudou gramática em Madaura e retórica em Cartago, e foi intelectualmente estimulado ao ler *Hortensius*, de Cícero. Agostinho morreu em 28 de agosto de 430, quando os vândalos estavam sitiando Roma.

Depois de uma vida carnal durante seus dias de estudante, afiliou-se à religião maniqueísta (373). Ensinou gramática e retórica na África do Norte (373-82) e, depois, em Roma (383), onde abandonou os maniqueus e tornou-se um cético. Mudou-se para Milão, onde viveu anos de retiro e estudo. Em 391, Agostinho foi ordenado sacerdote em Hipona, África do Norte, onde estabeleceu um mosteiro e, em 395, foi ordenado bispo. O restante de sua vida pode ser mais bem visto nas controvérsias de que participou e nos escritos que produziu. Na obra *A cidade de Deus*, Agostinho argumentou a favor da autoexistência, absoluta imutabilidade, singeleza, onipotência, onisciência e espiritualidade de Deus, porém uma triunidade de pessoas nessa única essência. Defendeu que, na Bíblia, não há contradições. Qualquer erro somente poderia estar em cópias, não nos manuscritos originais.

A teologia agostiniana afirmava que a natureza humana é corrompida pelo pecado de Adão e, consequentemente, o homem é incapaz de alcançar a salvação por seus próprios méritos. Em contrapartida, Pelágio⁶ negava a existência de um pecado original, de modo que o homem teria condições de não cometer pecados.

A questão central do debate entre Agostinho e Pelágio dizia respeito à participação humana na salvação. O que depende da graça divina e o que depende da ação humana? Agostinho não tinha dúvida de que a salvação é uma obra, exclusivamente, realizada por Deus e não pelo esforço humano. Agostinho falou da predestinação, ou seja, tudo é controlado pela soberania de Deus, ao passo que nada acontece por acaso. Já Pelágio afirmava que não era necessária uma graça sobrenatural para salvação, mas esta dependia do querer e da decisão humana.

Apesar de Pelágio ter sido condenado como herege em 418, não significa que toda a Igreja adotou toda a teologia de Agostinho. Com efeito, teólogos cristãos adotaram uma visão intermediária entre Agostinho e Pelágio, o que recebeu o nome de *semipelagianismo*. Um dos expoentes dos semipelagianos era um monge francês chamado *João Cassiano*. Nascido em 360, foi aluno de um mosteiro em Belém, na Palestina, e visitou muitos outros até fundar seu próprio mosteiro, em 410, na cidade de Marselha, na França.

O mosteiro de Cassiano se tornou um centro de discussões teológicas, onde brilhantes teólogos que ali estudavam começaram a fazer oposição à teoria da salvação defendida por Agostinho. João Cassiano e outros dois teólogos do mosteiro, Vicente de Lérins e Fausto Riez, lideraram os ataques à teologia agostiniana,

---

6 Como citamos na Seção 3.3, Pelágio foi um reformador moral cuja teologia da graça e do pecado o colocou em confronto com Agostinho, levando à controvérsia pelagiana. As ideias são conhecidas, em sua maior parte, por intermédio dos escritos de seus oponentes, especialmente, Agostinho.

principalmente, à predestinação. Posteriormente, foram chamados de *semipelagianos* porque defendiam a ideia de que a graça divina era essencial para a salvação, mas a decisão e o esforço humano deveriam cooperar para isso.

Cassiano ensinava que a salvação é uma obra operada, exclusivamente, por Deus por meio da graça, no entanto, é preciso a iniciativa da boa vontade humana para querer essa salvação. Como já dissemos, os semipelagianos acreditavam na queda do homem no Éden e, por causa disso, ele precisava da salvação divina. Todavia, para os semipelagianos, a natureza humana pode dar o primeiro passo em direção a Deus e à obra redentora de Cristo. Portanto, para os semipelagianos, a iniciativa humana é fundamental para que ocorra a salvação. De acordo com Cassiano, tanto a graça como o livre-arbítrio são necessários para a salvação, ou seja, há uma iniciativa divina mediante a graça e uma iniciativa humana mediante o livre-arbítrio.

Fique atento!

Para Agostinho, o homem nasce com o pecado original e a natureza pecaminosa contaminou o livre-arbítrio, de modo que o homem não tem capacidade de, pelas próprias forças, escolher a Deus.

Para Pelágio, o homem não nasce com pecado original nem herda natureza pecaminosa e pode, assim, por seus próprios méritos e esforço, alcançar a salvação. O semipelagianismo reconhece a queda de Adão, mas, para eles, o homem tem condições de, pela sua própria vontade, querer Deus.

Em 529, foi realizado um sínodo em Orange (França), em que o semipelagianismo foi condenado. Para os bispos, ao dar essa ênfase na iniciativa humana, o semipelagianismo estaria cometendo o mesmo erro do pelagianismo.

Síntese

Os conteúdos abordados neste capítulo estão sintetizados no quadro a seguir:

Quadro 3.1 – Síntese do Capítulo 3

Fato/ Personagem	O que ou quem foi	Causas	Influência na história da teologia
Monasticismo cristão oriental e ocidental	Monges se retiravam para os desertos ou se refugiavam em mosteiros.	Consideravam-se guardiões de uma espiritualidade autêntica ao se afastarem do "mundo".	Preservação de textos antigos, pois os mosteiros eram centros de estudo.
Grande cisma	Em 1054, a Igreja cristã do Ocidente e a Igreja cristã do Oriente se dividiram.	Tendências teológicas bem distintas.	Alterações não apenas na teologia, mas também na história do cristianismo.
Teologia (grega) oriental	Representada, inicialmente, pelos teólogos capadócios.	Reafirmação do Credo Niceno.	Influenciou no estabelecimento de um fazer teológico mais teórico e contemplativo.
Teologia (latina) ocidental	Representada, principalmente, por nomes como Agostinho de Hipona.	Ênfase em temas mais eclesiológicos.	Influenciou no estabelecimento de um fazer teológico mais prático.

Atividade de autoavaliação

1. Assinale a alternativa que identifica corretamente os principais fatos relacionados ao movimento monástico oriental:
   a) Os religiosos monásticos do Oriente eram habilidosos e zelosos e contribuíram grandemente para a pesquisa e a preservação da história eclesiástica da Antiguidade.
   b) O monasticismo cristão oriental pode não ter sido exclusivo de Constantinopla, nos séculos III, IV e V, contudo, foi naquela região que ele adquiriu credibilidade e impulsão.
   c) Muitos consideram que São Francisco de Assis foi o primeiro monge, em razão de sua dedicação exclusiva à vida religiosa.
   d) A vida cenobítica refere-se àqueles que desejam viver em isolamento, como acontecia com todos os monges.
   e) Pacômio era um monge muito conceituado que se tornou um soldado romano.

2. Assinale a alternativa que identifica corretamente os principais fatos relacionados com o movimento monástico ocidental:
   a) O modo de vida dos anacoretas eremitas foi muito bem aceito no ocidente.
   b) A partir do século V, com São Bento de Núrsia (480-547), a vida monástica cristã ocidental da Igreja romana sofreu um significativo declínio.
   c) Em 529, Santo Antão, considerado, por muitos estudiosos, o verdadeiro fundador do monasticismo ocidental, fundou o mosteiro de Monte Cassino, na Itália.
   d) As regras monásticas foram criadas para disciplinar, regulamentar a vida dos monges nos mosteiros medievais.
   e) O ócio e a pouca preocupação com os estudos eram bastante evidentes nos monastérios ocidentais.

3. Assinale a alternativa que identifica corretamente os principais fatos relacionados ao Grande Cisma:
   a) Entre os anos 313 e 590, cada bispo da Igreja era um igual, o que foi mantido com Gregório I.
   b) Tanto a Igreja do Ocidente como a Igreja do Oriente tinham cultura teológica e eclesiástica muito semelhantes.
   c) A Igreja do Ocidente olhava para o Oriente e via o imperador governando a Igreja; mas, para a Igreja ocidental, o bispo de Roma era o sucessor dos apóstolos e, assim, cabia a eles, não ao imperador, o governo da Igreja.
   d) A palavra *iconoclasta* deriva do grego *ikonoklastés* e significa "aquele que venera as imagens".
   e) O grande cisma aconteceu no século VIII e coincidiu com a expansão do islamismo.

4. Assinale a alternativa que identifica corretamente as características dos teólogos capadócios:
   a) Os teólogos capadócios foram Basílio de Cesareia (330-379), Gregório de Nissa (330-395) e Agostinho (329-389).
   b) Eles foram fundamentais na luta contra os arianos, bem como na consolidação do Credo de Niceia.
   c) O papel exercido pelos teólogos capadócios e por Atanásio foi fundamental para que o Credo de Niceia fosse reescrito, não sendo necessário incluir nenhum artigo a mais.
   d) A relevância teológica de Gregório acha-se no seu esclarecimento das doutrinas antropológicas e pneumatológicas.
   e) De acordo com esses teólogos, a divindade existe em três modos iguais.

5. Assinale a alternativa que expressa corretamente o pensamento de Agostinho de Hipona:

a) A teologia agostiniana afirmava que a natureza humana é corrompida pelo pecado de Adão e, consequentemente, o homem é incapaz de alcançar a salvação por seus próprios méritos.

b) De igual modo, Pelágio também defendia a existência de um pecado original.

c) A questão central do debate entre Agostinho e Pelágio dizia respeito à extensão do pecado original nos seres humanos.

d) Agostinho jamais falou da predestinação, pois acreditava que o ser humano tem uma participação ativa no processo de salvação.

e) Depois de anos de retiro e estudo, Agostinho foi ordenado sacerdote em Hipona, Roma (391), tornando-se um dos principais teólogos da Europa.

Atividades de aprendizagem

Questões para reflexão

1. Você acredita que era possível viver um tipo de cristianismo relevante com base no modelo adotado pelo monasticismo? Justifique.

2. Quais foram os principais elementos que ocasionaram o grande cisma da Igreja? Há quem diga que a divisão está no DNA do cristianismo. O que acha disso? Por que há tantas denominações cristãs?

Atividade aplicada: prática

1. Leia um trecho do livro *Confissões*, de Agostinho, e descreva como foi sua conversão.

capítulo quatro

A teologia cristã
na Idade Média

04

Neste capítulo, enfocaremos alguns dos principais temas teológicos do período medieval. O período da Idade Média diz respeito a uma fase da história europeia que se estendeu da segunda metade do século V até o século XV. Esses mil anos da Idade Média são divididos em dois períodos: Alta Idade Média (século V ao X) e Baixa Idade Média (século XI ao XV). Inicialmente, discutiremos o "preconceito" de que a Idade Média teria sido um período de trevas. Essa é uma perspectiva ultrapassada, que não encontra mais lugar nos atuais estudos medievais. O principal objetivo deste capítulo é situar o leitor quanto aos principais teólogos do período.

A maioria deles desenvolveu suas elaborações teológicas com base na escolástica. Veremos que o método teológico do escolasticismo procurou estabelecer pontos de contato entre a fé e a razão. Desse modo, a teologia não era mais um esforço apologético, como nos séculos anteriores, mas sim um modo muito próprio de construir o conhecimento.

4.1 Idade das trevas?

Ainda hoje, quando se fala em *Idade Média*, muitos a associam a um período de trevas, ou seja, quando as liberdades e os pensamentos humanos eram limitados. Entretanto, essa concepção é fruto de preconceitos em relação àquela época. As pessoas do século XV, por exemplo, não se reconheciam como "medievais", e sim como contemporâneos. Aliás, essa é uma postura recorrente na história: a geração presente sempre considera a anterior como ultrapassada. De onde surgiu esse preconceito em relação à Idade Média?

Essa denominação é uma rotulação posterior, dada a necessidade de definição dos tempos passados. O que chamamos de *Idade Média* remonta ao século XVI, responsável pela gestação desse conceito – melhor dizendo, esse *preconceito*, pois o termo representava um desprezo para com o período histórico entre a Antiguidade Clássica e o século XVI. De acordo com Franco Júnior (2001, p. 9), "Este se via como o renascimento da civilização greco-latina, e portanto tudo que estivera entre aqueles picos de criatividade artístico-literária (de seu próprio ponto de vista, é claro) não passara de um hiato, de um intervalo. Logo, de um tempo intermediário, de uma idade média".

Esse preconceito com relação à Idade Média se perpetuou pelos séculos subsequentes, em maior ou menor grau. Francesco Petrarca (1304-1374), grande admirador dos clássicos, referia-se ao tempo anterior como *tenebrae*, dando início, assim, ao mito historiográfico da Idade das Trevas. O Bispo Giovanni Andrea mencionava, em 1469, "em *media tempestas*, literalmente, ''tempo médio', mas também com o sentido figurado de 'flagelo', 'ruína'. O termo arraigou-se "quando, em meados do século XVI, Giorgio Vasari, numa obra biográfica de grandes artistas de seu tempo, popularizou o termo 'Renascimento'" (Franco Júnior, 2001, p. 9), uma clara contraposição ao período medieval.

Segundo Franco Júnior (2001), o critério era, inicialmente, filológico. Assim, o século XVI fazia oposição aos séculos anteriores, pois buscava utilizar um latim mais clássico em suas produções literárias, enquanto naqueles era utilizado um latim "bárbaro". A arte medieval também era vista como grosseira, pois fugia dos padrões clássicos, motivo pelo qual "Rafael Sanzio (1483-1520) chamá-la de 'gótica', termo então sinônimo de 'bárbara'" (Franco Júnior, 2001, p. 10).

No século XVII, mantinha-se o sentido básico renascentista: a Idade Média marcou uma interrupção no progresso da humanidade (Franco Júnior, 2001, p. 10).

inaugurado pelos gregos e retomado pelos homens do século XVI. Em outras palavras, para o século XVII, a Idade Média continuava sendo um tempo de barbárie, escuridão, superstição, ignorância e retrocesso. Esse menosprezo à era medieval se acentuou no século XVIII, caracteristicamente antiaristocrático e anticlerical. A filosofia da época (o Iluminismo) condenava a Idade Média por sua forte religiosidade, pelo seu pouco apego à racionalidade e pelo peso político que a Igreja exerceu sobre a sociedade medieval (Franco Júnior, 2001, p. 10).

Contudo, o romantismo da primeira metade do século XIX moveu o pêndulo para o outro lado, "revertendo o preconceito em relação à Idade Média" (Franco Júnior, 2001, p. 11).

A origem dessa inversão foi a questão nacional, que ganhou forte significado desde a Revolução Francesa. Essa nostalgia romântica fez com que a Idade Média fosse considerada o berço das nacionalidades, satisfazendo os sentimentos do século XIX (Franco Júnior, 2001, p. 11). Ainda de acordo com Franco Júnior (2001, p. 11):

Vista como época de fé, autoridade e tradição, a Idade Média oferecia um remédio à insegurança e aos problemas decorrentes de um culto exagerado ao cientificismo. Vista como fase histórica das liberdades, das imunidades e dos privilégios, reforçava o liberalismo burguês vitorioso no século XIX. Dessa maneira, o equilíbrio e a harmonia na literatura e nas artes, que o Renascimento e o Classicismo do século XVII tinham buscado, cedia lugar à paixão, à exuberância e à vitalidade encontráveis na Idade Média. A verdade procurada através do raciocínio, que guiara o Iluminismo do século XVIII, cedia lugar à valorização dos sentidos, do instinto, dos sonhos, das recordações.

Todavia, conforme bem destacou Franco Júnior (2001, p. 12), a visão da Idade Média para os românticos "era tão preconceituosa quanto a dos renascentistas e iluministas", pois, para estes últimos, tratou-se de uma época negra, que deveria ser esquecida na história, enquanto que, para os românticos, tratou-se de "um período esplêndido, um dos grandes momentos da trajetória humana, algo a ser imitado, prolongado". A atração do romantismo pela Idade Média mostra-se na restauração de inúmeros monumentos medievais e na construção de palácios e igrejas neogóticas – embora reinventando certos detalhes, como que criando uma Idade Média à sua maneira. Mas, de qualquer modo, a Idade Média ainda permanecia uma incógnita, oscilando "entre o pessimismo renascentista/iluminista e a exaltação romântica" (Franco Júnior, 2001, p. 12).

A partir do século XX, porém, o olhar sobre a Idade Média mudou. De acordo com Franco Júnior (2001, p. 12):

Finalmente, passou-se a tentar ver a Idade Média como os olhos dela própria, não com os daqueles que viveram ou vivem noutro momento. Entendeu-se que a função do historiador é compreender, não a de julgar o passado. Logo, o único referencial possível para se ver a Idade Média é a própria Idade Média.

Segundo Franco Júnior (2001, p. 13), "Com base nessa postura, e elaborando, para concretizá-la, inúmeras novas metodologias e técnicas, a historiografia medievalística deu um enorme salto qualitativo". O medievalismo tornou-se, sem exageros, o carro-chefe da historiografia no século XX. Ainda conforme Franco Júnior (2001, p. 13): "isso não apenas deu um grande prestígio à produção medievalística nos meios acadêmicos como popularizou a Idade Média diante de um público mais vasto e mais consciente", fora dos ambientes acadêmicos" (Franco Júnior, 2001, p. 13).

Todavia, a imagem negativa que se tinha da Idade Média não desapareceu por completo. Ainda é comum encontrarmos pessoas sem conhecimento histórico definindo como *medieval* algo que elas reprovam. Pior do que isso, muitos estudiosos ainda repetem o preconceito enraizado desde o século XVI sobre a Idade Média. No entanto, os juízos de valor negativos em relação a essa época parecem, cada vez mais, recuar (Franco Júnior, 2001, p. 14).

O que pretendemos fazer neste capítulo, além de ser (principalmente isto) uma tentativa de compreensão do pensamento de alguns autores medievais, é resgatar essa Idade Média que passou tanto tempo esquecida e desprezada. A teologia (teologia evangélica, particularmente) sofre de um pequeno mal súbito, que é o desprezo pela tradição teológica. Falta-lhe uma análise mais profunda de sua própria história. E o período histórico que mais sofre com essa postura é a Idade Média. Isso deve-se, a nosso ver, a dois fatores: 1) a ligação da teologia com a Igreja católica, isto é, falar de *teologia* na Idade Média é falar de teologia católica; 2) a compreensão de que a teologia evangélica se inicia somente com a Reforma, o que é, claramente, um erro, pois há mais continuidade do que descontinuidade entre a Reforma e a teologia medieval.

Falamos anteriormente repetidas vezes sobre a Idade Média, mas, afinal, o que é *Idade Média*? Uma definição menos complexa é a trazida por Franco Júnior (2001, p. 14): Trata-se de um período da história europeia de mais ou menos um milênio, ainda que suas balizas cronológicas continuem sendo discutíveis". Conforme esse mesmo autor:

> *Seguindo uma perspectiva muito particularista (às vezes política, às vezes religiosa, às vezes econômica), já se falou, dentre outras datas, em 330 (reconhecimento da liberdade de culto aos cristãos), em 392 (oficialização do cristianismo), em 476 (deposição do último imperador romano) e em 698 (conquista muçulmana de Cartago) como o ponto de partida da Idade Média. Para seu término, já se pensou em 1453 (queda de Constantinopla e fim da Guerra dos Cem Anos), 1492 (descoberta da América) e 3517 (início da Reforma Protestante).*

Contudo, sendo a história, é um processo em que "naturalmente se deve renunciar à busca de um fato específico que teria inaugurado ou encerrado um determinado período" (Franco Júnior, 2001, p. 14), mesmo que isso implique mais problemas. Segundo Jorge Coutinho (2008, p. 3), a Idade Média surgiu como resultado da convergência de três fatores essenciais:

> *o arruinamento do mundo clássico antigo, a barbarização do espaço europeu e o advento e difusão do Cristianismo. Essa convergência dá-se ao longo dos primeiros séculos da chamada era cristã, mas acentua-se e torna-se determinante no século V. Estes fatores permitem compreender o rosto característico da civilização e da cultura medievais, designadamente no que diz respeito ao pensamento aí produzido.*

O surgimento de uma nova época histórica implica o desaparecimento de outra. Aqui, cabe muito bem aquele aforismo escolástico:

a corrupção de uma coisa implica o surgimento de outra[1]. A Idade Média é, inicialmente, o resultado da ruína do Império Romano e da antiga civilização clássica, da qual o Império Romano se constituía com o último suporte (Coutinho, 2008). A consequência disso, conforme bem destaca Coutinho (2008, p. 4): é que "uma nova idade é sempre feita de uma forma nova sobre matéria herdada da que estava arruinada ou envelhecida".

Conforme destaca Coutinho (2008, p. 4), de fato, na história, não há rupturas absolutas; há sempre um elemento de continuidade, em maior ou menor grau, entre os períodos históricos. No que diz respeito à Idade Média e ao mundo antigo, há muito mais continuidade do que ruptura, esta presente mais no plano material, das infraestruturas que os bárbaros destruíram ou arruinaram. No plano simbólico-cultural, os medievais, reconhecendo os valores dos clássicos, a seu modo, procuraram "aproveitá-los e dar-lhes continuidade" (Coutinho, 2008, p. 4).

Identificamos esse fato no plano da história do pensamento medieval. Na Idade Média, a herança filosófica grega esteve bastante presente: primeiro, a de Platão e do neoplatonismo; posteriormente, a de Aristóteles. Entretanto, sobre esse legado filosófico, a Idade Média exerceu seu fazer filosófico sem repetir apenas o que os antigos filósofos disseram (Coutinho, 2008, p. 4).

Os bárbaros que invadiram e ocuparam o território do Império Romano do Ocidente desde o século III, mas, de forma mais contundente, durante o século V, trouxeram consigo três consequências: 1) aceleraram a queda do império; 2) estabeleceram nova organização social e política ; e 3) incutiram, na civilização e na cultura clássicas, a sua própria cultura (Coutinho, 2008, p. 4).

---
1   *Corruptio unius, generatio alterius.*

De acordo com a visão de Coutinho (2008, p. 5), o cristianismo exerceu influência "na emergência da Idade Média [...] progressivamente desde a sua aparição no mundo". Para esse autor, podemos distinguir a influência cristã no estabelecimento da Idade Média em três momentos (Coutinho, 2008, p. 5-6):

1. O primeiro momento é o da sua **afirmação perante o paganismo**. Na medida em que o cristianismo trouxe consigo a renovação do ser humano, seja no plano individual, seja no plano coletivo, determinou o fim do paganismo ao substituir, gradativamente, o humanismo pagão pelo humanismo cristão.
2. O segundo momento acontece com **a paz estabelecida** por Constantino, outorgada em 313 pelo Édito de Milão, quando os cristãos saíram das catacumbas, da situação de subalternidade e clandestinidade e passaram a reclamar uma "organização social, jurídica e administrativa" (Coutinho, 2008, p. 5). Nesse período, formaram-se as primeiras dioceses, seguindo o modelo imperial, e os primeiros mosteiros. Essas duas instituições serão de grande importância nos séculos mais difíceis da Idade Média.
3. No século V, deu-se o terceiro e decisivo momento em razão de dois acontecimentos: a invasão dos bárbaros e a queda do Império Romano do Ocidente em 476. De acordo com Coutinho, o cristianismo apresenta-se como "a única força espiritual capaz de salvar a história de um retrocesso total no sentido do primitivismo cultural e civilizacional". Outro ponto de destaque no período foi a influência do cristianismo no pensamento e na visão de mundo. Por isso, é impossível falarmos de Idade Média sem levarmos em consideração a teologia cristã.

4.2 O escolasticismo

A escolástica foi um movimento cultural que incidiu, especialmente, sobre a filosofia e a teologia, desenvolvendo-se com base na estrutura escolar da Idade Média entre os séculos XI e XV. Quando falamos em *filosofia* e *teologia* escolásticas, estamos nos referindo a duas áreas ligadas a algumas personalidades particulares, como Tomás de Aquino, Pedro Abelardo, Santo Anselmo, João Duns Scotus, entre outros. Contudo, a filosofia e a teologia escolásticas são produtos das escolas superiores da época, ou seja, são produtos coletivos. Por isso, fala-se em *teologias e filosofia das escolas*.

A escolástica pode ser dividida em três períodos:

1. Incipiente: séculos XI e XII.
2. Apogeu: século XIII.
3. Decadência: séculos XIV e XV.

A teologia escolástica medieval procurou demonstrar que a teologia cristã é racional e coerente, de modo que o raciocínio humano podia, mediante a graça divina, descobrir as verdades fundamentais. Para Coutinho (2008, p. 94):

> O pensamento escolástico não constituiu um corpo homogêneo de doutrina. Não só não foi, em princípio, uma doutrina cristalizada que se ensinasse e aprendesse em modo de credo religioso ou de cartilha ideológica, como não foi de facto um pensamento uniforme. A filosofia e a teologia escolásticas, embora constituindo-se como tradição e continuidade, desenvolveram-se em obediência a um forte dinamismo criador. Cultivaram certamente, em boa medida, a sistematicidade do pensamento. Mas não se constituíram em modo de sistema fechado, antes se desenvolveram segundo o figurino

do sistema aberto, em permanente síntese de autoridade e razão, tradição e progresso, conservação e inovação. De resto, a abertura do sistema deu-se não só neste plano diacrônico, mas também no plano sincrônico, em relação a outras correntes de pensamento em presença, designadamente as do pensamento árabe e judaico.

Desse modo, o escolasticismo foi um movimento teológico que procurava harmonizar a razão humana, ou seja, o pensamento racional com a revelação divina. Um dos lemas dos escolásticos era "a fé em busca de entendimento", ou "creio para compreender". Para Coutinho (2008, p. 95): "A escolástica constituiu, sem dúvida, um fenômeno ímpar na história do pensamento ocidental. Fenômeno intimamente ligado à Cristandade medieval, que nela viu concretizado o seu espírito coletivista e o seu modelo organizativo, ela reflecte no domínio do saber o próprio destino daquela".

Figura 4.1 – Sala de aula do período da escolástica

Laurentius de Voltolina. Aristóteles dá uma palestra para alunos. 2ª metade do século 14. Em pergaminho. 18 × 22 cm. Museu Kupferstichkabinett, Berlim.

A escolástica abandonou aquele fazer teológico centrado na apologética, ou, simplesmente, nas reflexões sobre a pessoa Deus. Ampliaram-se os interesses dos teólogos para outros temas, como veremos mais adiante. A ferramenta básica dos teólogos escolásticos era a lógica, ao passo que tudo que não fosse lógico não poderia ser verdadeiro.

Conforme Coutinho (2008, p. 95):

> Os seus valores positivos são mais evidentes nos períodos criadores, sobretudo no do apogeu, no século XIII: conjugação da razão e da tradição, sistematização do saber, modelo do sistema coletivo e aberto, dinamismo criador, rigor metodológico e científico, claridade expositiva, terminologia técnica sóbria e precisa.

Por causa da ênfase no uso da razão para entender a realidade e Deus, havia pensadores que criticavam essa maneira de fazer teologia usada pelos escolásticos medievais. Por exemplo, Erasmo de Roterdã, grande pensador já no século XVI, visitou a cidade de Paris e, lá, observou a discussão de alguns escolásticos sobre os seguintes temas: Deus poderia ter se tornando um pepino em vez de um ser humano? Deus podia desfazer o passado, fazendo uma prostituta se tornar virgem? Apesar das críticas, o escolasticismo foi um período interessante e, sobretudo, muito fecundo na história da teologia. A seguir, veremos destacados teólogos do período.

4.3 Anselmo de Cantuária

Anselmo de Aosta, também chamado de *Anselmo de Cantuária*, nasceu em 1033, no norte da Itália, mas ainda jovem se mudou para a França, contrariando seu pai, que pretendia que ele se tornasse político. Na França, Anselmo se entregou à vida religiosa e tornou-se monge no mosteiro cujo superior era Lanfranco. Em 1063, Anselmo sucedeu Lanfranco como responsável pelo mosteiro e, em 1093, foi escolhido para ocupar o cargo de Arcebispo de Canterbury.

Uma das obras de Anselmo foi *Monologion* (Monólogo), na qual prova, por argumentos tirados da razão, sem recorrer às Escrituras, que existe um ser supremo e perfeito; que esse ser supremo fez tudo que existe por meio do nada e que ele é constituído de Pai, Filho e Espírito Santo. Anselmo queria demonstrar que era possível falar dos atributos divinos usando o exercício da razão.

Outra obra sua foi *Proslogion* (uma palavra sem tradução), na qual também procura falar dos atributos de Deus de maneira racional. De acordo com ele, a fé nos ensina que Deus é eterno, todo-poderoso, imutável, incompreensível, imenso, piedoso, justo, verdadeiro, misericordioso, eterno – enfim, Deus possui todos esses atributos. Nesse livro, ele também diz que não buscava entender para crer, e sim crer para entender. Leia o argumento de Anselmo a respeito da existência de Deus, no seguinte trecho:

> *Esta [definição de Deus] é, de fato, tão verdadeira que não se pode conceber que não é verdadeira. Pois é plenamente possível pensar em algo cuja não existência não pode ser concebida. Este ente deve ser maior que algo cuja existência pode ser concebida. Portanto, se este ente (um ente tal qual que não se pode conceber nada maior) pode ser concebido como não existente, exatamente este tal que não se pode conceber nada maior, não é o ente tal que não se pode conceber nada maior que ele. Trata-se de uma contradição. Assim, é verdade que existe algo que não se pode conceber nada maior, algo que não pode ser concebido como não existente. E tu és este ente, ó Senhor meu Deus, que não podes ser concebido como não existente, e isto, justificadamente; pois, se uma mente humana pudesse pensar em algo maior do que ti, a criatura se elevaria acima do criador e o julgaria; o que é obviamente absurdo.*

E, na verdade, tudo mais que há, além de ti, pode ser concebido como não existente. Assim, somente tu, mais verdadeiramente do que todas as coisas e, por isso, acima de todas as coisas, tens existência: pois tudo o mais que existe, não existe tão verdadeiramente como tu e, portanto, existe em menor grau. (Anselmo, citado por McGrath, 2005, p. 146)

Observe, no trecho, que Anselmo defende a existência de Deus usando o raciocínio humano, pois é possível encontrar Deus no próprio pensamento, de acordo com esse teólogo.

Em seus escritos, Anselmo também procura responder aos seguintes questionamentos: Qual a necessidade de Deus se fazer homem a fim de morrer na cruz para salvar a humanidade? Por que um anjo não poderia fazer isso? Por que Deus não poderia salvar o homem com apenas um ato de vontade? Anselmo responde, então, que não pode haver salvação fora da pessoa de Cristo. A grande maioria dos cristãos desse período acreditava na chamada *teoria do resgate*, desenvolvida por Gregório, o Grande, portanto, era uma doutrina medieval. De acordo com ela, a morte de Cristo na cruz era como um anzol, em que Deus usou Jesus como isca para "fisgar" o diabo e livrar a raça humana, que era cativa por Satanás. Com efeito, Jesus teria ido "saquear o inferno" e libertar as almas que estariam aprisionadas pelo diabo.

Era crença também comum na época que o preço pela redenção humana foi pago ao diabo. Anselmo era contra esses ensinamentos a respeito da expiação de Cristo e demonstrou que o preço de nossa redenção foi pago ao próprio Deus, tendo em vista que o pecado humano foi uma ofensa ao próprio Deus, e não ao diabo. Sendo assim, a justiça divina era quem exigia o pagamento da redenção humana, não o diabo, de acordo com o pensamento de Anselmo.

4.4 Pedro Abelardo[2]

Pedro Abelardo pode ser considerado a figura mais importante do século XII. Para compreendermos a técnica, o método que as grandes escolas do século XII construíram, precisamos retomar os escritos de Abelardo, pois neles encontraremos os germes dos sistemas teológicos mais complexos do período (Reale; Antiseri, 2005).

Abelardo nasceu em 1079, em Le Pallet, perto de Nantes, na França. Filho de um militar, foi discípulo de Roscelin, em Loches, de Guilherme de Champeaux, em Paris, e de Anselmo de Laon. Desde cedo, mostrava-se muito crítico com os ensinamentos de seus mestres. Depois de algumas tentativas de montar uma escola própria, Abelardo conseguiu abrir uma em Paris, em Santa Genoveva, que logo se encheu de estudantes e admiradores (Reale; Antiseri, 2005).

O período mais brilhante de sua carreira como professor foi durante os anos de 1114-1118, quando ele ocupou a cátedra de Notre-Dame, o primeiro núcleo de universidade livre na França (Reale; Antiseri, 2005).

Giovanni Reale e Dario Antiseri (2005, p. 247) contam que,

> *no Concílio de Soissone, em 1121, algumas de suas teses sobre o mistério da Santíssima Trindade foram condenadas como heresias. No Concílio de Sens, em 1140, foram rejeitadas como "desvios" outras teses relativas à lógica e ao papel confiado à ratio na investigação das verdades cristãs.*
>
> *Apelando [Abelardo] ao papa por uma avaliação mais justa, no curso da viagem, cansado e prostrado, se detém em Cluny, [...].*

---

2   Esta seção foi construída com base no texto de Reale e Antiseri (2005, p. 161-176).

Curiosidade!

Quando Abelardo se tornou professor de teologia em Paris, conheceu Heloísa, com quem teve um filho, chamado *Astrolábio*. Abelardo, então, decide enclausurar Heloísa num convento, mas Fulberto, o tio da moça, ao saber disso, executou um plano e conseguiu castrar Abelardo. Ele narrou esse fato em seu livro *História das minhas calamidades*. Com muita vergonha e confuso, ele se tornou um monge. Quando estava no mosteiro, combateu a corrupção dos religiosos e do clero, sendo perseguido por essa atitude. Ele sofreu, inclusive, atentado contra a sua vida duas vezes, por tentativa de envenenamento. Abelardo faleceu em 1142, e Heloísa, 20 anos depois, sendo enterrada no mesmo túmulo de Abelardo (Reale; Antiseri, 2005).

Sobre seus escritos, Reale e Antiseri explicam que

podem ser divididos em três áreas: lógica, teologia e ética. No campo da lógica, ele escreveu Glosas literais, *publicadas pelos modernos sob o título de* Introductiones parvolorum *(para os estudantes iniciantes) ou* Introductiones dialecticae. *No campo da teologia, Abelardo escreveu* Theologia christiana, *ou* Theologia summi boni; Theologia, *ou* Introductio ad theologiam, *ou* Theologia scholarium. *É importante ressaltarmos que Abelardo foi o primeiro a usar o termo teologia significando a síntese da doutrina cristã. Até Santo Agostinho - e antes dele -, teologia designava a especulação pagã sobre a divindade. Abelardo também escreveu* Commentaria in epistolam Pauli ad Romanos e Expositio in hexameron. *Quanto ao seu método, o escrito mais importante é o* Sic et non *(Sim e não), uma coletânea de sentenças extraídas dos Pais da Igreja e das Escrituras sobre 158 problemas teológicos, em que essas sentenças eram contrapostas. No campo da ética, Abelardo escreveu*

Ethica, *ou* scito te ipsum *(em português, conhece-te a ti mesmo), e sua obra incompleta e seu último escrito* Dialogus inter Judaeum, philosophum et christianum. *Outras obras a se mencionar são o seu retrato autobiográfico* Historia calamitatum, *o* Epistolarum, *a correspondência com Heloísa e* Poesias. *Todos esses escritos fazem de Pedro Abelardo um dos maiores escritores do seu tempo.*

No pensamento abelardiano, a dúvida tem um lugar especial, pois, para Abelardo, empreendemos a pesquisa com base no estímulo da dúvida e, por meio da pesquisa, chegamos ao conhecimento de alguma verdade. A dúvida é, portanto, um caminho, o método, a premissa básica de qualquer investigação. Ela não é o ponto de chegada, mas o ponto de partida da pesquisa (Reale; Antiseri, 2005). Essa dúvida deve ser tomada como base, sob a qual se submeterá sempre a uma constante análise crítica todo o texto, seja ele de um filósofo, seja dos Pais da Igreja, seja das Escrituras.

Como podemos superar essa dúvida, esses possíveis contrastes que podem surgir na análise do texto? Para superá-las, Abelardo (citado por Reale; Antiseri, 2005) instituiu algumas normas de pesquisa:

1. A primeira norma consiste na **análise dos significados de um texto**. Essa análise deve levar em consideração todas as implicações histórico-linguísticas. Na escrita de um texto, o entendimento do que está escrito pode ser impedido devido ao mau uso de um termo ou devido à pluralidade de significados de um termo. Nesse caso, é necessário, primeiramente, fazer uma análise linguística dos termos, pois nem sempre conseguimos nos ater aos seus significados próprios.
2. A segunda norma consiste em **comprovar a autenticidade do texto**. Essa norma diz respeito tanto ao autor quanto às eventuais corrupções que o texto pode sofrer.

3. A terceira norma consiste na **análise crítica das possíveis passagens duvidosas do texto**. Isso deve ser feito tendo como base os textos considerados autênticos de determinado autor. Nesse sentido, o texto só pode ser interpretado dentro do *corpus* da obra de um autor.
4. A quarta e última norma consiste no fato de que **não devemos confundir a opinião citada com a opinião pessoal do autor**. Isso também implica que não devemos interpretar como solução aquilo que foi posto pelo autor como problema.

Por meio dessas normas exegéticas criadas por Abelardo, percebemos que há nele um princípio crítico-exegético muito forte. Ele as criou para auxiliar na resolução das eventuais passagens obscuras contidas nos escritos dos Padres ou em textos das Escrituras e as aplicou para conferir um caráter científico à investigação, visto que possibilitam superar as dúvidas e penetrar no significado dos textos bíblicos. Contudo, Abelardo tinha a noção de que há certo limite na pesquisa crítica, porque a nossa mente não consegue entender por completo o significado dos termos (Reale; Antiseri, 2005).

Por conseguinte, a proposta investigativa de Abelardo era, ao mesmo tempo, o reconhecimento da necessidade de uma análise crítica e o reconhecimento de um limite da investigação científico-racional no discurso teológico. Assim, ele não só redirecionou a tradição com base na análise crítica, como também reconheceu o limite dessa análise.

Abelardo buscou distinguir a dialética de uma mera habilidade discursiva. Em sua acepção primária, a dialética é entendida no mesmo sentido da lógica clássica. Para ele, a dialética é um instrumento de discernimento: ela ajuda a discernir o verdadeiro do falso; e, no plano lógico formal, com base nas regras lógicas, ela auxilia a destacar a veracidade do discurso científico. Abelardo também ressaltou que a força da dialética na teologia auxilia a rechaçar os ataques heréticos por meio de argumentos válidos, tendo em vista que, para ele, somente por meio de uma exposição logicamente válida é que se pode refutar os argumentos dos hereges (Reale; Antiseri, 2005).

De acordo com o pensamento abelardiano, a dialética impõe, primeiramente, uma análise dos termos da linguagem, buscando determinar suas funções e seus significados (Reale; Antiseri, 2005). Nesse sentido, a dialética seria uma ciência semântica ou uma filosofia da linguagem, que busca evidenciar a relação entre os termos da linguagem e a realidade que esses temos expressam (Reale; Antiseri, 2005). Essa análise linguística seria feita para tentar impedir que se digam coisas inexistentes ou que se digam mais do que efetivamente existe ou se conhece no plano do real. Com efeito, a função da dialética seria "O controle do nexo semântico entre os termos do discurso e a realidade designada" (Reale; Antiseri, 1990, p. 514).

Conforme Reale e Antiseri (2005), para Abelardo, estudar e tentar resolver o problema das relações entre os termos e a realidade a qual esses termos expressam é fundamental para que não se caia, por um lado, em uma falsa postura universalista ou, por outro lado, em falsas posturas nominalistas[3]. Segundo ele, quem crê na objetividade radical dos universais incorre em um desmerecimento da realidade singular. Da mesma forma, aqueles que não creem na correspondência entre a realidade e os universais é vítima de um

---
3   O **nominalismo** afirma a irrealidade dos universais (ideias gerais, conceitos ou termos abrangentes). Segundo essa teoria, os universais não passam de nomes sem realidade fora da mente. A única realidade existente são os indivíduos e os objetos particulares. Os universais não existem por si só, são apenas vocábulos com um significado geral, mas sem conteúdo concreto. Ver mais em: NOMINALISMO. Disponível em: <https://www.estudantedefilosofia.com.br/doutrinas/nominalismo.php>. Acesso em: 30 set. 2020.

empirismo muito fragmentário, que, por sua vez, é incapaz de superar a pura análise descritiva da realidade (Reale; Antiseri, 2005).

Conforme Abelardo, o universal é um conceito, um discurso mental expresso em um enunciado oral, que tem origem em um processo abstrativo do intelecto e que possibilita a compreensão das coisas. Esse universal foi vinculado à função de designar o *status* comum de uma pluralidade de sujeitos. Por exemplo, o termo *homem* é um universal que expressa o *status* comum de um grupo de indivíduos. Portanto, os universais não são conceitos vazios, mas sim categorias lógico-linguísticas válidas porque realizam a mediação entre o mundo do pensamento e a realidade (Reale; Antiseri, 2005).

Dentro do pensamento de Abelardo, a dialética é uma ciência que nos obriga a ter cuidado com quem escreve e com quem lê, para que essas pessoas não tomem posições extremas. Isto é, para que não caiam, por um lado, em posições universalistas evasivas que fogem da explicação da realidade e se refugiam nos universais e, por outro, para que não se abandonem a meras atitudes analíticas sem procurar propor possíveis sínteses doutrinárias.

A dialética, conforme já dissemos, exerce papel fundamental no pensamento abelardiano. Conforme relatam Reale e Antiseri (2005), para Abelardo, é em respeito às normas da lógica que se concretiza a razão – de modo que há uma relação muito íntima entre razão e dialética. Essa relação é tão próxima que, ao mesmo tempo em que Abelardo buscava cultivar a dialética, também buscava cultivar a razão. Afinal, o que seria essa razão? A *razão* é "a sede da consciência crítica de teses [...]" (Reale; Antiseri, 2005, p. 163), afirmações ou argumentos sobre certas coisas, cujo conteúdo não aprendemos por meio da autoridade de quem os enuncia, mas sim por meio do conteúdo dos próprios argumentos. A razão dialética é, portanto, uma razão crítica. É uma razão que se interroga como pesquisa. Tudo passa pelo crivo dessa razão: os ditos dos Pais da

Igreja, as próprias doutrinas contidas nas Escrituras, as afirmações dos filósofos etc. O que determinará se essas verdades são válidas não é a autoridade de quem as afirmou, e sim se esses argumentos são logicamente verossímeis (Reale; Antiseri, 2005).

Se tomássemos o pensamento de Abelardo com os nossos olhos contemporâneos, certamente, afirmaríamos que ele estava propondo uma dessacralização das verdades cristãs. Contudo, a proposta abelardiana está longe de ser uma dessacralização dessas verdades. Pelo contrário, o que Abelardo propõe é tornar o mistério cristão mais compreensível sem profaná-lo. Ao falar sobre o dogma da Trindade, por exemplo, Abelardo afirma que o propósito não é ensinar uma verdade. Afinal, nenhuma pessoa estaria em condições de alcançar a verdade de que Deus é uno e trino. O objetivo de Abelardo, ao falar da doutrina da Trindade, é propor algo de verossímil, que seja acessível à racionalidade e que não seja contrário às Escrituras (Reale; Antiseri, 2005).

A perspicácia da razão nos orienta sempre para o verossímil, para o que é racionalmente apreensível. No discurso sobre o divino, não se pretende demonstrar uma verdade, mas apresentar um conhecimento aproximativo, analógico, sem exaurir o seu conteúdo (Reale; Antiseri, 2005). Essa era a intenção de Abelardo ao usar a razão crítica no discurso teológico.

Porém, para Reale e Antiseri (2005), Abelardo reconhecia os limites da razão. Todavia, mesmo tendo consciência desses limites, ele vai submeter todos os enunciados teológicos à investigação crítico-racional com o intuito de subtrair desses enunciados toda a acusação de absurdo. Segundo os autores: "Trata-se de um esforço programático no qual não é a razão que absorve a fé, mas sim, ao contrário, a fé que absorve em si a razão já que o discurso filosófico não revoga o discurso teológico, mas sim o facilita e o torna acessível" (Reale; Antiseri, 2005, p. 256).

Qual seria, então, a função da razão no discurso teológico? Torná-lo mais acessível. Nesse contexto, Abelardo distingue a **inteligibilidade** da **compreensão**. Para ele, a razão é indispensável à inteligibilidade, mas é dispensável para a compreensão das verdades cristãs, visto que a inteligibilidade é uma função conjunta entre razão e fé, ao passo que a compreensão é dom exclusivo de Deus. A razão é necessária à fé para que esta não se reduza a um palavrório sem sentido, a um discurso sem fundamento, a uma aceitação acrítica de um dogma (Reale; Antiseri, 2005). Porém, a compreensão não passa, necessariamente, pela razão, pois é dom de Deus. Os homens atingidos pela graça conseguem penetrar nos mistérios divinos e os compreender; os alcançados pela graça conseguem ser invadidos pelas verdades divinas.

Portanto, a função da razão e, em um contexto mais amplo, da filosofia, é ser uma espécie de mediadora. Ao exaltar a filosofia e a razão, o que Abelardo propõe é superar essa separação entre razão e fé, entre filosofia e teologia, estabelecendo entre esses dois campos, mesmo que correndo o risco de contaminação, uma linha de continuidade em sentido ascendente, partindo da filosofia até chegar à teologia.

4.5 Bernardo de Claraval[4]

Bernardo de Claraval nasceu em 1090, em Borgonha, na França. Proveniente de uma família nobre, iniciou-se na vida religiosa muito cedo. Aos nove anos de idade iniciou seus estudos na Escola Canônica de Châtillon-sur-Seine. Pouco tempo depois, decidiu ingressar na Abadia de Cister.

---
4   Esta seção foi construída com base no texto de Gilson (1995, p. 362-366).

Em função de sua dedicação e compromisso com a vida religiosa, Bernardo foi designado pela Ordem Cisterciense para ser o responsável pela fundação da abadia de Ville-sur-la-Ferté. A abadia foi nomeada de *Claraval* e Bernardo foi nomeado seu abade. Por essa razão, ele ficou conhecido como *Bernardo de Claraval*. A abadia cresceu tanto que, em 1118, outras tiveram de ser fundadas para não superlotar Claraval. A partir do ano seguinte, Bernardo começou a escrever suas primeiras obras, o que aumentou sua popularidade, tornando-se conhecido por defender o reformismo do clero.

No final da década de 1110, foi fundada, no Oriente, a Ordem dos Cavaleiros do Templo de Salomão, ou, simplesmente, os *Templários*. Alguns anos depois, Bernardo tomou conhecimento da ordem e passou a defender o seu ideal. Graças a Bernardo, as informações sobre os Templários chegaram até o Papa Honório II, que reconheceu a ordem no Concílio de Troyes em 1128. Por ter sido o mediador entre os Templários e o Papa, Bernardo ficou responsável por escrever o estatuto da ordem. Após o Concílio de Troyes, Bernardo tornou-se uma figura conhecida e respeitada, detendo autoridade e liberdade para intervir em assuntos políticos e ser destaque na defesa dos direitos da Igreja. Com o falecimento do Papa Honório II, criou-se um cisma dentro da Igreja católica. Mas, graças à influência de Bernardo, o papa escolhido para a sucessão foi Inocêncio II. Mais tarde, em 1145, ele também exerceria enorme influência na escolha do Papa Inocêncio III.

Importante!

Durante seu tempo de vida, Bernardo foi responsável por fundar 72 mosteiros. Mais de 500 abadias cistercienses e mais 700 monges estavam ligadas ao nome de Bernardo de Claraval. Após sua morte, em 1153, muitos milagres foram atribuídos a ele, por isso o Papa Alexandre III o canonizou em 1174. Muitos séculos depois, Bernardo foi declarado Doutor da Igreja pelo Papa Pio VIII.

Bernardo de Claraval, em quem se encarnou o ideal religioso de sua época, foi um dos fundadores da mística medieval. Ele não nega a utilidade dos conhecimentos filosóficos e dialéticos. Contudo, considera que as ciências ditas profanas não se comparam às ciências sacras. Embora tenha reconhecido a importância do estudo da filosofia, seu verdadeiro pensamento tinha como objeto – conforme suas próprias palavras – o conhecimento de Cristo. Quanto aos dialéticos, ele travou uma disputa contra Pedro Abelardo e Gilberto de la Porrée. As tendências excessivamente racionalizantes desses autores em termos de teologia o deixavam extremamente preocupado.

Bernardo não contribuiu, de forma significativa, para o advento das filosofias escolásticas. Manteve uma atitude de suspeita em relação às tentativas contemporâneas, contudo, elaborou, profundamente, sua doutrina do amor místico. Por essa razão, é considerado o grande iniciador de um movimento que vai se desenvolver nos séculos seguintes: a mística.

Segundo Bernardo, o "caminho que conduz à verdade é Cristo e o grande ensinamento de Cristo é a humildade" (Gilson, 1995, p. 363). Desse modo, o trabalho que se impõe a todos os que querem conhecer é o da necessidade de se humilhar. A humildade pode ser definida como "a virtude pela qual o homem, conhecendo-se exatamente tal como é, se rebaixa aos seus próprios olhos" (Gilson, 1995, p. 363). Essa virtude está presente naqueles que possuem em seus corações os degraus da humildade, que como uma escada se elevam progressivamente até Deus. Segundo o ensinamento de São Bento, os degraus da humildade são doze. Conforme Bernardo (citado por Gilson, 1995, p. 363-364):

> *Alcançando o ápice da humildade, também alcançamos o primeiro degrau da verdade, que é reconhecer sua própria miséria; desse primeiro degrau, logo alcançamos um segundo, a caridade, porque, reconhecendo nossa própria miséria, compadecemo-nos da miséria alheia; e desse segundo degrau, passamos facilmente ao terceiro, porque, numa piedade igual por nossa miséria e a do próximo, choramos sobre nossas faltas e nossas máculas, detestamo-las, aspiramos à justiça e purificamos assim nosso coração, para torná-lo capaz de contemplar as coisas celestes.*

Esses são os três degraus da verdade que estão no mais elevado dos 12 degraus da humildade. "Elevamo-nos ao primeiro pelo esforço da humildade; ao segundo pela compaixão; ao terceiro, pelo fervor da contemplação. No primeiro, a verdade é severa; ela é piedosa no segundo e pura no terceiro" (Gilson, 1995, p. 364). Porém, da mesma forma que existem os degraus da humildade, existem os degraus do orgulho, em que "subir uns é descer os outros, e elevar-se no caminho do bem é descer o do mal" (Gilson, 1995, p. 364).

Importante!

Segundo Bernardo, o homem integra-se a Deus quando a graça realiza a perfeita semelhança e conformidade entre a vontade divina e a vontade humana. Todavia, essa união não é uma união substancial, pois ambas as substâncias, humana e divina, permanecem infinitamente separadas. Essa união perfeita na distinção radical entre os seres só é possível graças à caridade. Assim, há concordância na vontade, mas não há confusão das substâncias. Esse é o ápice que o ser humano crê atingir nesta vida, mesmo que só por um instante, por meio do êxtase, e só o atinge por completo na visão beatífica. Contudo, essa união não é, em nada, comparável à união entre o Pai e o Filho, pois, entre o Filho e o Pai, não é mais uma união, mas a própria unidade (Gilson, 1995, p. 365-366).

A influência de Bernardo no século XII decorre de muitos elementos: o grande prestígio que possuía, a eloquência de seu estilo e a autoridade como reformador religioso. Contudo, segundo Gilson (1995, p. 365), há outras duas causas: "ele fundou sua doutrina numa experiência pessoal do êxtase e deu dessa experiência uma interpretação completamente elaborada".

Na sequência de seus sermões sobre o *Cântico dos Cânticos*, Bernardo afirmou que a união extática era familiar e incomunicável. "Quem não a experimentou não pode saber o que ela é, e quem a experimentou é incapaz de descrevê-la" (Gilson, 1995, p. 365). De, fato, o êxtase é uma experiência pessoal e intransferível, portanto, nada acrescentaria ou tiraria da experiência do outro. No entanto, segundo Gilson (1995, p. 365): "Em compensação, pode-se especular sobre as suas causas e sobre as condições que a tornam possível". Em Bernardo, o êxtase seria o horizonte da união das vontades humana e divina e a coincidência do amor divino com o amor humano.

4.6 João Duns Escoto[5]

João Duns Escoto nasceu em 1266, no povoado de Duns, na Escócia. Obteve sua formação nos dois maiores centros de estudos da época: Universidade de Oxford e Universidade de Paris. Da Universidade de Oxford, ele absorveu o rigor do procedimento demonstrativo, tendo em vista que ali havia uma forte tradição científica. Na Universidade de Paris, Escoto se viu no meio das polêmicas entre tomistas, averroístas e agostinianos, e percebeu a necessidade de ir além dessas oposições, baseando-se, por um lado, na filosofia e, por outro, na teologia (Reale; Antiseri, 2005).

Curiosidade

Em 1278, por incentivo do seu tio, tornou-se franciscano. Estudou teologia em Northampton, na Inglaterra. Nos anos de 1291-1296, foi enviado a Paris para aprofundar seus estudos filosóficos. Depois, voltou à Inglaterra para trabalhar no Estudo dos Frades Menores, que era anexo à Universidade de Cambridge. Nesse período, ele começou a comentar as *Sentenças*, de Pedro Lombardo. De Cambridge, Escoto foi para Oxford e, depois, para Paris (Reale; Antiseri, 2005).

Após ter rejeitado, juntamente com outros professores de Paris, o apelo de Felipe, o Belo, para ir ao concílio contra o Papa Bonifácio VIII, ele foi obrigado a sair da Universidade de Paris e retornar para Oxford. Algum tempo depois, Escoto retornou à Universidade de Paris, onde obteve a licenciatura em Teologia, em 1305. Logo depois, tornou-se o responsável pelos Estudos dos Frade Menores

---
5   Esta seção foi construída com base no texto de Reale e Antiseri (2005, p. 277-292).

em Cambridge. Porém, devido às tensões entre o imperador e o papa foi chamado à Colônia, onde permaneceu até sua morte em 1308 (Reale; Antiseri, 2005).

As obras de Escoto têm vários sentidos teóricos. Para entendê-los, precisamos distinguir suas obras em pequenos grupos. O primeiro grupo é composto pelos livros da juventude. As obras de juventude de Escoto eram, principalmente, comentários às obras de filósofos antigos, como Aristóteles e Porfírio. O segundo grupo é composto pelos livros da maturidade. Aqui, destacamos o comentário às *Sentenças* de Pedro Lombardo. Embora as obras possam ter alguma diferença de gênero literário entre um escrito e outro, basicamente, os textos eram comentários (Reale; Antiseri, 2005).

De acordo com Reale e Antiseri (2005), Escoto se opunha às duas orientações dominantes na Idade Média: por um lado, a perspectiva de orientação agostiniana, que tendia para uma absorção da filosofia pela teologia; por outro lado, a orientação tomista, que buscava conciliar os dois campos. Escoto propôs uma distinção clara entre teologia e filosofia, considerando que os dois campos têm métodos e objetos diferentes um do outro. Para Escoto, as disputas que ocorriam e as consequentes condenações tinham uma origem comum: a não delimitação rigorosa dessas duas áreas de pesquisa. Por isso, segundo ele, era importante precisar o campo, a esfera de ação dessas duas áreas, e delinear as orientações específicas de cada uma (Reale; Antiseri, 2005).

Segundo Escoto (citado por Reale; Antiseri, 2005, p. 27):

> *a filosofia se ocupa do geral ou universal, porque é obrigada a seguir* pro statu, *isto é, o itinerário cognoscitivo da abstração, enquanto a teologia aprofunda e sistematiza tudo o que Deus se dignou nos revelar sobre sua natureza pessoal e nosso destino. A filosofia é essencialmente especulativa, porque visa a conhecer por conhecer, ao passo que a teologia*

tendencialmente pratica, porque nos põe a par de certas verdades para nos induzir a agir mais corretamente. A filosofia não melhora se posta sob a tutela da teologia, nem esta se torna mais rigorosa e persuasiva se utilizar os instrumentos e tender aos mesmos fins que a filosofia.

Nesse sentido, Escoto afirma que a pretensão dos aristotelistas, averroístas ou avicenistas de sufocar a teologia com a filosofia, ou dos agostinianos de tentar sufocar a filosofia com a teologia, ou, ainda, a orientação tomista que tentava conciliar os dois campos, são tentativas que foram empreendidas sem rigor suficiente. Se houvesse esse rigor, esses movimentos iriam perceber a inutilidade de proceder com tais objetivos, isto é, de tentar subsumir uma área à outra, ou de tentar conciliá-las.

Escoto afirma, em várias partes de suas obras, que o ente unívoco é o objeto primeiro do intelecto. O que isso significa? O que é o ente unívoco? Quais as consequências disso na obra de Escoto? Escoto parte do princípio de que o traço que caracteriza o ser humano é a sua inteligência. Essa seria a primeira expressão que transcende o ser humano em relação às demais criaturas. Com base nisso, ele vai tentar traçar o âmbito cognoscível do ser humano atribuindo a ele suas capacidades, suas potencialidades efetivas, eliminando toda suposta pretensão de atribuir ao ser humano poderes ilusórios.

Diante da questão de qual seria o objeto primeiro do intelecto, Escoto parte não da constatação do objeto primeiro em uma dimensão temporal. Isto é, ele não está preocupado em atribuir o objeto com o qual a racionalidade humana tem um primeiro contato. Também não trata do objeto mais perfeito que o homem estaria em condições de conhecer. O que ele pretende traçar são os contornos do objeto que esteja em condições de demonstrar e "ao mesmo tempo circunscrever o horizonte cognoscitivo do nosso intelecto" (Reale; Antiseri, 1990, p. 601).

Grosso modo, a pergunta que permeia a reflexão escotista é: Se o olho foi feito para enxergar cores e o ouvido foi feito para o som, o intelecto foi feito para quê? A pergunta que condiciona sua reflexão é: Qual é o objeto que expressa o âmbito efetivo do intelecto humano?

Importante!

A resposta suscitada por Escoto delineia-se da seguinte forma: o homem, na atual situação, tem como objeto primeiro o ente unívoco, ou seja, o ente enquanto ente. Sendo o ente unívoco ele pode ser aplicado a tudo aquilo que existe, porque é universal. De igual modo, o intelecto humano também é feito para conhecer tudo o que existe, seja material ou espiritual, seja particular ou universal. Com efeito, o ente unívoco seria o objeto primeiro, porque ele é aplicado a tudo o que existe. E, se é aplicado a tudo o que existe e é comum a todas as coisas – e sendo o intelecto humano capaz de conhecer todas as coisas –, então, o objeto primeiro do intelecto é o ente unívoco.

O conceito do ente unívoco indica a extensão ilimitada do nosso intelecto, ao mesmo tempo em que indica a sua pobreza, considerando que esse conceito é extremante pobre, pois é generalizado. Nesse sentido, toda pretensão metafísica de explicar a complexidade do real é um absurdo. Afinal, essa complexidade é inexplicável. Na condição atual, o ser humano, para atingir o ente unívoco, é obrigado a seguir o procedimento abstrativo e, ao seguir esse procedimento, ele está prescindindo de toda a riqueza da realidade concreta.

Portanto, segundo Escoto, o conhecimento filosófico se detém no universal e a metafísica, que se ocupa do ser comum das coisas, prescindirá, em sua análise, da riqueza da realidade. Desse modo, Escoto afirma que é preciso colocar a filosofia ao lado de outras ciências, reconhecidamente subalternas e autônomas, e colocar a teologia como aquela que permite conhecer os caminhos da salvação. Por conseguinte, a teologia tem um caminho mais elevado, pois as outras ciências não detêm um conhecimento prático, ao passo que esta tem uma praticidade constitutiva, porquanto trata daquilo que devemos saber e conhecer para nossa salvação.

Escoto concebe que a noção unívoca de ente é privada dos modos concretos de ser. Por isso, essa noção é imperfeita. Para exemplificarmos o que seriam os modos de ser, tomemos a luminosidade e seus graus de luz. Os graus são os modos de ser da luminosidade. Logo, quanto mais luz, mais luminosidade haverá. Quanto menos luz, menos luminosidade. Percebemos que a noção de modos de ser está atrelada a uma noção de perfeição: quanto maior for o grau de ser de um ente, maior é sua perfeição. No caso do nosso exemplo, quanto maior é o grau de luz, mais intensa (leia-se, *perfeita*) é a luminosidade.

Por ser imperfeito, o conceito de univocidade do ente não se choca com os modos de ser, ao mesmo tempo em que os tem como suas configurações específicas. Lembrando que os modos de ser estão atrelados à noção de perfeição. Nesse caso, os modos de ser supremos seriam: a infinitude e a finitude. Esses conceitos representam o ente em sua perfeição efetiva e definem a noção de ente unívoco.

Em resumo, a noção de univocidade do ente e dos modos de ser supremos tratam, em Escoto, da passagem do abstrato para o concreto, do universal para o particular. Em outras palavras, a noção de univocidade do ente e de ente infinito são conceitos abstratos que prescindem da realidade concreta das coisas. Já o conceito de ente finito e do ente como aquilo que existe na realidade atual, que observamos no dia a dia por meio da experiência, refere-se ao concreto, ao particular.

Sobre o ente finito, não há necessidade de provar sua existência, pois, como dissemos, ele é um dado imediato da experiência. Cotidianamente, deparamo-nos com esses entes a todo o momento. Porém, a prova da existência do ente infinito faz-se necessária, considerando que ele não é um dado imediato da experiência. Nesse sentido, esse conceito poderia representar alguma coisa na realidade? Existe algum ente na realidade sobre o qual podemos dizer que é infinito? Escoto busca formular uma demonstração da existência do ente infinito que não seja contraditória, tampouco alvo de objeções. Para isso, os argumentos da demonstração devem ser fundamentados em premissas certas e necessárias.

Por conseguinte, Escoto vai considerar como infundadas todas as provas que partem dos dados empíricos, pois, embora sejam certas, tais provas não são necessárias. Com efeito, Escoto não parte das existências concretas das coisas, mas, sim, de sua possiblidade. Para tornar mais claro o que estamos dizendo, vamos a um exemplo: o fato de que as coisas no mundo existem é um dado certo, mas não um dado necessário, porque as coisas que existem podem deixar de existir. Entretanto, desde que as coisas podem existir, e existam, isso é necessário.

Fique atento!
Podemos utilizar outro exemplo. Eu existo. Isso é um dado certo. Porém, o meu existir não é **necessário** porque, um dia, eu vou deixar de existir. Agora, eu existo e, mesmo se eu deixasse de existir, seria **verdade** que eu posso existir, pois, um dia, eu existi. Compreendemos, então, que a possiblidade da existência é algo

necessário e certo. Ainda que a existência atual das coisas não seja necessária, a sua possiblidade o é.

Estabelecida a necessidade da possibilidade, Escoto pergunta pelo fundamento ou pela causa da possibilidade. Nesse contexto, ele parte do procedimento tradicional. O fundamento da possiblidade não pode ser o nada porque o nada não pode ser fundamento nem causa. Se o nada fosse fundamento, nada existira, o que seria um absurdo. A causa da possibilidade também não pode ser constituída pelas próprias coisas, pois as coisas não podem dar a existência que ainda não possuem. Portanto, é necessário que essa possibilidade seja produzida por um ser diferente daquele que é produzido.

Ora, esse ser que transcende a esfera das coisas possíveis atua por si mesmo ou em virtude de outro? Se partirmos do segundo caso, deveríamos repetir a pergunta, uma vez que esse ser dependeria de outro e, portanto, seria produzível e não necessário. Se partirmos do primeiro caso, então, nós temos um ente que está em condições de produzir, mas que não é de forma alguma produzível.

Chegamos, portanto, ao ente que Escoto buscava. Esse ente explica, ao mesmo tempo, a produtividade e a possibilidade, sem que sua existência exija uma explicação ulterior. Assim, se as coisas são possíveis, é possível também a existência de um ente primeiro. Mas esse ente é só possível ou, de fato, existe? Segundo Escoto, ele existe, pois, se não existisse, teria de haver outro ente que estaria em condições de produzi-lo, o que também não é possível, levando em conta que nenhum outro ente estaria em condições de produzi-lo. Assim, se o ente primeiro é possível, também é real.

E qual é a característica desse ser? A infinitude, pois ele é supremo e ilimitado. Dessa maneira, depois que Escoto descobriu o objeto do intelecto, ele identificou que só o ser infinito é o ser

A teologia cristã na Idade Média

supremo no sentido pleno da palavra. Afinal, ele é o fundamento de todos os outros entes e, "antes ainda, de sua possibilidade" (Reale; Antiseri, 1990, p. 603).

Ao mesmo tempo em que destacou o conceito elevado de ente infinito, Escoto salientou a insuficiência desse conceito. A ideia do ente infinito é a mais simples e mais abrangente que podemos formular. Todavia, não consegue expressar aquilo que Deus é. O conceito de ente infinito é, simultaneamente, o mais elevado e insuficiente, visto que não consegue introduzir o ser humano no mistério divino. A essência divina não é uma realidade que conseguimos compreender naturalmente, posto que não pode ser conhecida por intermédio da razão. Por isso, esse conceito não pode expressar a realidade divina.

Ao afirmar que o conceito de ente infinito não expressa a realidade divina, Escoto delimitou a filosofia. Concomitantemente, destacou a necessidade da teologia. Nesse sentido, qualquer controvérsia que possa surgir entre teólogos e filósofos brota da falta de consciência dos limites dessas áreas e de seus âmbitos de competência. Segundo Escoto, a filosofia não pode falar da realidade divina porque esta transcende a via argumentativo-lógica. Somente a teologia está em condições de falar sobre a realidade divina por causa da fé.

Segundo Reale e Antiseri (1990, p. 604): "Rigorizar o discurso filosófico e captar o seu caráter geral e abstrato significa pôr fim às suas pretensões de exaurir o campo do ser, considerando-se oniabrangente e incompatível com uma forma superior de saber". Em suma, essa é a polêmica que está como pano de fundo do pensamento de Escoto. Com base nessas reflexões, ele vai estabelecer os limites próprios da filosofia, bem como o espaço e o campo de atuação da teologia.

4.7 Tomás de Aquino[6]

Tomás de Aquino é um dos maiores expoentes entre os escolásticos e, sem sombra de dúvida, um dos maiores pensadores de todos os tempos. De índole aristotélica, construiu o maior sistema teológico-filosófico da Idade Média.

Curiosidade

A biografia de Tomás de Aquino não apresenta momentos dramáticos e pode ser resumida a uma vida dedicada ao estudo e à meditação. Italiano por parte de pai, Landolfo, conde de Aquino, e normando pelo lado da mãe, Teodora, Tomás nasceu no castelo de Roccasecca, no sul do Lácio, em 1221. Estudou, incialmente, sob orientação dos monges beneditinos da Abadia de Mantecassino e, em 1224, em Nápoles, ingressou na Ordem dos Dominicanos, atraído pela nova forma de vida religiosa, aberta às novas dinâmicas sociais, envolvida no embate cultural e livre dos interesses mundanos. De 1248 a 1252, foi discípulo de Alberto Magno, em Colônia.

Quando, em 1252, o mestre-geral da Ordem solicitou um jovem bacharel (seria hoje uma espécie de professor-assistente) para encaminhar à carreira acadêmica na Universidade de Paris, Alberto Magno não hesitou em indicar Tomás de Aquino. Assim, ele ensinou em Paris, de 1252 a 1254, como bacharel biblista e, de 1254 a 1256, como bacharel sentenciário. Dos seus ensinos bíblicos, não temos nenhum registro escrito. Já de seu comentário às *Sentenças*, de

---

6   Esse texto tomou como base o comentário de Giovanni Reale e Dario Antiseri (1990, p. 552-573) ao pensamento de Tomás de Aquino. Para que a leitura fique mais fluída, só quando for extremamente necessário faremos uma citação.

Pedro Lombardo, temos a monumental *Scriptum in libros quattour sententiarum*. São desse período, também, os opúsculos *De ente et essentia* e *De principiis naturae*, em que Tomás expõe os princípios metafísicos gerais sob os quais iria fundamentar todas as suas reflexões posteriores. Tomás seguiu as atividades universitárias e lecionou em Paris de 1256 a 1259. A esse período, remontam as *Questiones disputatae de veritatei*, o comentário ao *De Trinitate*, de Boécio, e a *Summa contra gentiles*.

Depois desse período em Paris, Tomás peregrinou (como era o costume dos mestres da ordem dominicana) pelas maiores universidades europeias (Roma, Nápoles, Bolonha, Colônia). São desse período a *Quaestioni disputate de potentia*, o comentário ao *De divinis nominibus*, de Pseudo-Dionísio; o *Compendium theologiae* e o *De substantiis separatis*. Chamado pela segunda vez a Paris para combater os antiaristotélicos e os averroístas, escreveu *De aeternitate mundi* e *De unitate intellectus contra averroistas*, bem como preparou o esboço daquela que seria sua maior obra, a *Summa theologiae*, iniciada em Roma e Viterbo, continuada em Paris e, depois, em Nápoles, mas não concluída.

Com a saúde já bastante debilitada, Tomás faleceu em 7 de março de 1274, aos 53 anos, no mosteiro cisterciense de Fossanova, quando viajava para Lion, onde participaria, por ordem do Papa Gregório X, do Concílio de Lion.

Em todas as obras de Tomás, está sempre presente uma vasta erudição não haurida das fontes originais. Afinal, ele não conhecia o hebraico, o grego e o árabe. Tomás estava limitado ao latim, mas isso não o impediu de conhecer e de se utilizar de inúmeros autores profanos, como Eudóxio, Euclides, Hipócrates, Galeno e Ptolomeu; dos filósofos gregos Platão e Aristóteles; dos árabes e judeus, como Al Farabi, Avempace, Al Ghazali, Avicebrom, Avicena, Averróis, Israeli; e dos escolásticos, como Anselmo de Aosta (mais conhecido como *Santo Anselmo*), Bernardo de Claraval, Pedro Lombardo, entre outros. Embora tenha acessado todas essas fontes, a erudição de Tomás de Aquino teve forte influência de seu mestre, Alberto Magno.

Importante!

Foi especialmente em Paris que Tomás pôde experimentar mais intensamente os conflitos intelectuais típicos de sua época: a oposição entre o conhecimento pela fé e o conhecimento pela razão, a teologia e a filosofia, a crença na revelação bíblica e a investigação dos filósofos gregos. Em Paris, essas discussões ganharam um contorno especial, pois a cidade, além de ser a capital do maior reino da Europa até então, era o maior centro intelectual, o que atraía estudantes de todas as regiões. Paris era uma cidade em ebulição, tanto no aspecto cultural como no aspecto político. Nos espaços institucionalizados, as disputas de poder se mostravam calorosas.

O papado não renunciava ao seu direito de organização das universidades e exercia-o no sentido de combater a predominância dos *dialéticos* (como eram chamados os professores de Filosofia) sobre os teólogos. Uma determinação papal de 1231 afirmava que a dialética não deveria ser mais do que uma auxiliadora da teologia, e que os mestre em teologia não deveriam fazer ostentação de filosofia.

Os conflitos que já ocorriam há algum tempo acentuaram-se com a divulgação da filosofia aristotélica, graças às traduções feitas pela escola de Toledo na segunda metade do século XII. Os efeitos dessa filosofia foram significativos. O elemento mais importante e causador de conflitos entre os admiradores de Aristóteles e os defensores da fé cristã estava no fato de que a concepção aristotélica do mundo, à primeira vista, apresentava um conteúdo muito distinto da visão cristã. Na física aristotélica, o mundo é eterno e incriado. Deus é o motor móvel do universo, a causa incausada, o pensamento que pensa a si mesmo, mas que nada cria, apenas move o mundo como sua causa final. Por sua vez, a alma não é mais do que a forma do corpo. Ela nasce e morre com o corpo, não tendo nenhuma destinação sobrenatural. Em suma, a filosofia aristotélica ignorava as noções de um Deus criador e providente, de uma alma imortal, da queda e da redenção da humanidade – noções caras à doutrina cristã.

Mesmo com essa distância entre o pensamento de Aristóteles e os dogmas cristãos, a filosofia aristotélica ganhou muitos adeptos entre os dialéticos, que se esforçavam para harmonizá-la à revelação bíblica. Todavia, os esforços eram insuficientes e os conflitos persistiam. A filosofia aristotélica não servia ao controle papal e medidas contundentes foram tomadas. Em 1211, o concílio de Paris proibiu o ensino da física de Aristóteles. Em 1215, ao formular os estatutos da Universidade de Paris, o legado papal proibiu a leitura das obras *Metafísica* e *Filosofia natural do filósofo*. Contudo, as proibições caíram no vazio diante do entusiasmo de mestres e estudantes. Então, o Papa Gregório IX permitiu o uso das obras de Aristóteles, desde que, delas, fossem expurgadas todas as afirmações contrárias aos dogmas cristãos. Iniciou-se, assim, o processo de cristianização da filosofia aristotélica. Esse processo só se tornou possível graças à capacidade analítica e de organização metódica de Tomás de Aquino.

Para Tomás, a razão e a filosofia são *preambula fidei*. Em outras palavras, o objetivo da razão e da filosofia é oferecer **razões de credibilidade** ao que é proposto pela fé e ao que a teologia afirma, dando bases à teologia que a justifiquem como ciência.

Segundo Tomás, embora a filosofia tenha configuração e estrutura próprias, ela não exaure tudo o que se pode dizer e conhecer. Dessa forma, é preciso integrá-la ao que está contido na santa doutrina sobre Deus, sobre o homem e sobre o mundo. Na realidade, a diferença entre a filosofia e a teologia não está no objeto, naquilo a que se referem, pois ambas falam de Deus, do homem e do mundo. A diferença está no fato de que "a primeira oferece um conhecimento imperfeito daquelas mesmas coisas que a teologia está em condições de esclarecer em seus aspectos e conotações específicos relativos à salvação eterna" (Reale; Antiseri, 1990, p. 554).

Assim, a fé melhora a razão, do mesmo modo que a teologia melhora a filosofia: "**A graça não suplanta, mas aperfeiçoa a natureza**" (Reale; Antiseri, 1990, p. 555, grifo do original). Segundo Reale e Antiseri (1990, p. 555), essa afirmação significa duas coisas: 1) que a teologia retifica a filosofia, isto é, ela não substitui a filosofia, não a elimina, mas a orienta, assim como a fé orienta a razão, portanto, é necessária uma correta filosofia para ser possível fazer uma boa teologia; 2) que a filosofia, como *preambulum fidei*, tem autonomia própria porque "é formulada com instrumentos e métodos não assimiláveis aos instrumentos e métodos da teologia".

Importante!
Apesar da teologia desfrutar de uma posição mais elevada em Tomás de Aquino, ele não a considera como substituta da filosofia. Na *Súmula contra os gentios*, ao falar das verdades relativas a Deus, Tomás afirma que existem verdades que excedem à razão humana, como a verdade de que Deus é uno e trino. Porém, existem verdades que podem ser pensadas pela razão natural, como a verdade da existência de Deus, de que ele é uno, entre outras.

Para Tomás, é preciso basear-se nas verdades racionais porque é a razão que nos une. "É sobre essa base que se podem obter os primeiros resultados universais, porque racionais, com base nos quais se pode construir um discurso de aprofundamento de caráter teológico" (Reale; Antiseri, 1990, p. 555). O uso da razão tem, em um primeiro momento, uma índole fortemente apologética. Afinal, o pressuposto que pode tornar possível a discussão com os pagãos e gentios é aquilo que nos assemelha, isto é, a razão. Porém, segundo Reale e Antiseri (1990, p. 555), a esse fundamento apologético deve-se acrescentar duas considerações de caráter mais geral:

....

1. Se a razão constitui a nossa característica primordial, deixar de utilizá-la em nome de algo mais elevado seria deixar de lado uma "exigência primordial e natural" (Reale; Antiseri, 1990, p. 555). Além do mais, existe um *corpus* filosófico que é fruto desse exercício racional, como a filosofia grega, que foi acessada e utilizada por toda a tradição cristã.
2. Tomás entendia que, apesar do ser humano ser radicalmente dependente de Deus no ser e no agir, o homem e o mundo desfrutam de uma relativa autonomia, sobre a qual "deve-se refletir com os instrumentos da razão pura, fazendo frutificar o potencial cognoscitivo para responder à vocação original de 'conhecer e dominar o mundo'" (Reale; Antiseri, 1990, p. 556). Assim, a fé não suplanta a razão e a teologia não substitui a filosofia, pois a fonte de toda a verdade é única.

....

O ponto de partida da construção do pensamento tomista está na hábil transformação que Tomás fez da distinção aristotélica entre essência e existência. Nos *Segundos Analíticos*, Aristóteles faz uma distinção entre as questões "**o que é** um ser?" e "esse ser **existe?**". A resposta à primeira pergunta implica a definição de uma essência. Porém, para Aristóteles, uma definição jamais implica, empírica ou logicamente, a existência do definido. Desse modo, em Aristóteles, a distinção entre essência e existência é puramente conceitual, lógica. De modo contrário, Tomás concebe a distinção entre essência e existência como ontológica, real. Com isso, ele altera, em um ponto muito crucial, a filosofia aristotélica, embora mantenha seu arcabouço teórico.

Todavia, essa alteração é suficiente para tornar a filosofia aristotélica a fundamentação racional dos dogmas da revelação cristã, da ortodoxia da Igreja e do combate às correntes consideradas heréticas.

Tomás expõe as linhas fundamentais de sua metafísica em sua obra da juventude *O ente e a essência*. Nessa obra, ele explicita os conceitos de ente e de essência, delineando os pressupostos teóricos que sustentariam suas reflexões teológico-filosóficas posteriores.

O conceito de **ente** é fundamental e indica qualquer coisa que **exista**. O ente pode ser tanto lógico, ou conceitual, como real, ou extramental. A distinção entre **ente lógico** e **ente real** é de suma importância, pois indica que **nem tudo** aquilo que se pensa **tem**, de fato, **uma existência real**.

O **ente lógico** é expresso pelo verbo auxiliar *ser* conjugado em todas as suas formas. A função do verbo *ser* é ligar os vários conceitos, sem, com isso, pressupor sua existência na realidade – pelo menos, não do modo como são concebidos por nós. Usamos o verbo *ser* para expressar **conexões de conceitos**, que são verdadeiras no sentido que ligam corretamente esses conceitos. Porém, essas conexões não expressam a existência dos conceitos que ligam.

Para exemplificarmos o que acabamos de dizer, podemos pensar nas afirmações. Quando dizemos que "a afirmação é contrária à negação", não significa que a afirmação exista de fato. Existem pessoas que fazem afirmações sobre coisas das quais se pode fazer afirmações, mas a afirmação, em si, não existe. A afirmação é o modo como nosso intelecto expressa o fato de que certas coisas são de determinada forma. Assim, seguindo o pensamento de Tomás, "nem tudo aquilo que é objeto do pensamento existe no modo como é pensado. Não se devem hipostatizar[7] os conceitos acreditando que cada um deles tenha uma correspondência na realidade" (Reale; Antiseri, 1990, p. 556).

Por conseguinte, encontramos em Tomás um realismo moderado, segundo o qual o caráter universal dos conceitos é fruto do poder de abstração do pensamento. Para Tomás, o universal não é real porque somente o indivíduo é real. Todavia, não deveríamos supor que essa universalidade não tenha um fundamento na realidade, pois é desta, com efeito, que ela é deduzida. "Elevando-se acima da experiência sensível, o intelecto alcança uma universalidade que, em parte, é expressão de sua ação de abstração e em parte é expressão da realidade" (Reale; Antiseri, 1990, p. 557).

Toda a realidade, tanto o mundo como Deus, é ente porque tanto o mundo como Deus existem. O ente diz respeito a tudo, tanto ao mundo como a Deus, mas de modo analógico, pois Deus é ser e o mundo **tem** ser. Em Deus, o ser se identifica com a essência, mas, em todo o resto, ele se distingue da essência, no sentido de que todo o resto não é a existência, mas **tem** a existência, ou melhor dizendo, detém o ato de existir graças ao qual não é mais lógica, mas sim real.

Em Tomás, os conceitos de essência e ato de ser são os dois sustentáculos do ente real. A *essência* é o "conjunto dos dados fundamentais pelos quais os entes – Deus, o homem, o animal, a

---

7   O termo *hipostatizar* se trata de um neologismo de Reale e Antiseri (1990) cujo sentido é o de que não se deve unir os conceitos.

planta – se distinguem entre si" (Reale; Antiseri, 1990, p. 557). Em outras palavras, **a essência indica o que uma coisa é**. No que diz respeito a Deus, a essência se identifica como o ser, enquanto nas demais criaturas significa a aptidão para ser, isto é, potência de ser. Portanto, as coisas que existem não existem necessariamente, podendo não ser. E, se existem, podem perecer e não existir mais.

Importante!
A essência das demais criaturas é aptidão, potência para ser, não como em Deus, que é a identificação como o ser.

Se a essência das criaturas não se identifica com a existência, então o mundo, em seu conjunto e em cada um de seus componentes, não existe necessariamente, ou seja, é **contingente**. O mundo, na condição de contingente, não existe por si só, mas em virtude de outro, cuja essência se identifica como o ser, que, no caso, é Deus. Esse é o núcleo metafísico que sustentaria as provas em favor da existência de Deus em Tomás.

Em suma, a filosofia tomista é otimista, pois descobre um sentido profundo no interior mesmo daquilo que existe. Também é uma filosofia do concreto, uma vez que o ser é o ato graças ao qual as essências, de fato, existem. Mas também é a filosofia do crente, pois somente ele pode acessar as essências, trazê-las à discussão e captar o ato básico graças ao qual existe algo e não o nada.

Segundo Tomás, Deus é o primeiro na ordem ontológica, mas não na ordem psicológica. Isso significa que, mesmo que ele seja o fundamento de tudo o que existe, só deve ser alcançado por caminhos *a posteriori*, isto é, partindo daquilo que há no mundo. "Se, na ordem ontológica, Deus precede suas criaturas como a causa precede os efeitos, na ordem psicológica, ele vem depois das criaturas, no sentido de que é alcançado a partir da consideração do mundo, que remete ao seu autor" (Reale; Antiseri, 1990, p. 562).

A existência de Deus, para Tomás, pode ser provada pela razão por meio de cinco caminhos ou vias, todos de índole realista. Ou seja, considera-se algum aspecto da realidade captado pelos sentidos como um efeito sobre o qual se procura a causa. O ponto de partida de cada caminho é constituído de elementos extraídos da cosmologia aristotélica, mas a probatória desses caminhos é sempre – e assim deve permanecer – metafísica.

O primeiro caminho fundamenta-se na constatação de que, **no universo, existe o movimento**. Baseado em Aristóteles, o movimento é analisado como a passagem da potência ao ato – isto é, da essência para a existência. Tomás considera que todo movimento tem uma causa, a qual deve ser externa ao próprio movimento – afinal, uma mesma coisa não pode ser a causa e o efeito. Em outras palavras, uma mesma coisa não pode ser movida e, ao mesmo tempo, ser o que produz o movimento. Se algo é movido, é movido por outro, isto é, por quem está em ato, e, portanto, é capaz de efetuar a passagem da potência ao ato.

Para exemplificarmos, podemos recorrer ao exemplo do fogo. O fogo, que é quente em ato, torna quente a madeira, que o é em potência. Assim, o fogo a altera e muda seu estado. Porém, uma coisa que é quente em ato não pode ser quente em potência, mas é, ao mesmo tempo, frio em potência. Por isso que um ente não pode ser, sob o mesmo aspecto, origem e sujeito da mutação.

Nesse sentido, é fraca a objeção segundo a qual o mundo pode se explicar sem recorrer a Deus, pois os atos naturais se explicariam com a natureza e a ações humanas com a razão e a vontade. Essa objeção é fraca, porque recorre à realidades mutáveis, e tudo o que é mutável deve ser admitido como efeito de uma causa imutável e necessária. Muito se objetou sobre se esse caminho não incorreria

em um regresso ao absurdo, a um círculo sem fim de causas anteriores sem uma causa primeira. Todavia, Tomás admite que é necessária a existência de um primeiro movimento, de uma existência imutável. **Essa existência imutável é o que todos chamam *Deus*.**
O segundo caminho diz respeito à ideia de causa em geral. **Todo ente** (tudo aquilo que existe) **ou é uma causa ou é um efeito**, não podendo ser causa e efeito ao mesmo tempo. Se um ente é causa eficiente de si mesmo, teria de ser anterior e posterior a si próprio, ou seja, teria de ser o que produz e o produzido ao mesmo tempo, o que é um absurdo. Porém, todo ente deve ter sido causado por outro e este, por sua vez, por um terceiro, e assim sucessivamente. Contudo, o fato de que toda causa é causada por outra anterior a ela e, assim por diante, não expressa uma série infinita das causas, porque, se fôssemos ao infinito na série das causas, não teríamos uma causa eficiente primeira, nem uma causa intermediária, nem uma causa eficiente última, o que anularia o efeito da causa. É necessário, portanto, admitir a existência de uma causa incausada, de **uma causa primeira eficiente, a qual todos chamam *Deus*.**

Segundo Reale e Antiseri (1990, p. 564), o argumento de Tomás se baseia em dois elementos: 1) todas as causas eficientes são causadas por outras causas eficientes; 2) há uma causa eficiente incausada que é a causa de todas as outras. Em suma, esse caminho busca responder a seguinte interrogação: Como é possível que alguns entes sejam causas de outros entes? "Indagar sobre essa possibilidade significa chegar a uma causa primeira incausada que, se existe, identifica-se com aquele ser que chamamos Deus" (Reale; Antiseri, 1990, p. 564).

O terceiro caminho refere-se aos conceitos de necessidade e possibilidade. Quando observamos a natureza, percebemos que **todos os entes estão em constante transformação**. Encontramos entes que têm a possibilidade de ser e de não ser, pois se geram e se corrompem, isto é, nascem, crescem e morrem. O fato de que algo pode ou não existir não lhe confere uma existência necessária, mas sim contingente, pois aquilo que é necessário não precisa de uma causa para existir. Em outras palavras, os entes que nascem, crescem e morrem são contingentes, possíveis, "não possuem o ser em virtude da sua essência" (Reale; Antiseri, 1990, p. 564). Eles existem, mas não necessariamente, pois podem não ser e, em algum tempo, não eram.

Mas como explicar a passagem da possibilidade para o estado atual? Se tudo o que existe fosse apenas possível, haveria algum tempo em que nada teria existido, e, consequentemente, agora nada existiria. Para explicar a existência atual dos entes, da passagem da possibilidade ao ato, precisamos admitir a existência de uma causa que não foi e não é contingente, mas que sempre foi em ato, necessária. Em outras palavras, o ente possível só existe por intermédio de algo que o faça existir. Se alguma coisa existe, é porque participa do necessário. Com efeito, **tudo o que existe faz parte de uma cadeia de causas que culmina no necessário absoluto: Deus**.

O quarto caminho para a prova da existência de Deus é de índole platônica e baseia-se nos graus de perfeição observados nas coisas. Vale ressaltar que esse caminho, assim como os demais, parte da observação empírica interpretada metafisicamente.

Existem, entre os entes, os mais e os menos bons, verdadeiros, nobres e semelhantes. Com efeito, *mais* e *menos*, implicados na noção de grau, indicam a existência de um ponto de comparação que seja absoluto. Deve, portanto, **existir um ser que seja absolutamente bom, verdadeiro e uno** e que contém o ser de modo absoluto. A esse ser chamamos *Deus*. Segundo Reale e Antiseri (1990, p. 565), "se os entes têm um grau diverso de ser, isso significa que tal fato não lhes deriva em virtude de suas respectivas essências, isso significa que o receberam de um ser que dá sem receber, que permite a participação sem ser partícipe, porque é fonte de tudo aquilo que existe de algum modo".

O quinto caminho fundamenta-se na **ordem das coisas**. Adotando o finalismo aristotélico, Tomás parte da constatação de que os entes, ou alguns deles, agem como se tendessem a um fim. Com base nessa afirmação, quer destacar duas coisas: 1) ele não parte da finalidade de todo o universo e não pressupõe uma concepção mecanicista da natureza – a finalidade constatada diz respeito a alguns entes que têm em si um princípio de unidade e finalidade; 2) as exceções devidas ao acaso não reduzem a validade da argumentação.

Conforme expõem Reale e Antiseri (1990, p. 566, grifo do original): "Ora, se o agir em função de um fim constitui um **certo modo** de ser, pergunta-se qual será a causa dessa regularidade, ordem e finalidade constatáveis em alguns entes" (Reale, Antiseri, 1990, p. 566, grifo do original). Essa causa não pode ser encontrada nos próprios entes, pois eles não têm conhecimento – e, nesse caso, seria necessário ter o conhecimento do fim. É preciso, portanto, remontar a um **Ordenador**, a um ser dotado de conhecimento e **capaz de dar ser aos entes**, segundo o modo no qual eles agem. **A esse ser chamamos *Deus*.**

4.8 Guilherme de Ockham[8]

No século XIII, acreditou-se ser possível construir uma síntese entre filosofia e teologia, porém sempre submetendo a filosofia à teologia, reconhecendo, contudo, a autoridade da filosofia nas questões relativas a Deus. Os principais teólogos da época defenderam a possibilidade dessa síntese e se esforçaram em determinar um ponto de vista em que todos os conhecimentos racionais e os dados da fé fossem componentes de um único sistema intelectual.

No século XIV, encontramos os resultados desses esforços, que partiram de perspectivas distintas, configurando inúmeras posturas diferentes: havia aqueles que fixavam uma síntese, porém submetendo a filosofia à teologia, como Tomás de Aquino, São Boaventura, entre outros; aqueles que postulavam uma síntese, porém subsumindo a teologia na filosofia, como os averroístas; e aqueles que afirmavam que essa tentativa de conciliação era impossível.

Importante!

Em grande medida, o século XIV foi um século de crítica à tentativa de conjugação entre teologia e filosofia. O primeiro autor que captou esse espírito do século XIV foi João Duns Escoto. O fato é que, no século XIV, houve um momento de ruptura entre a teologia e a filosofia, entre a fé e a razão. O século XIV abandonou as tentativas de síntese empreendidas pelos seus antecessores, retomou os autores que, já no século XIII, anunciavam a impossibilidade dessa tarefa

---

8   Esse texto tomou como base os comentários de Giovanni Reale e Dario Antiseri (1990, p. 552-573) e de Etienne Gilson (1995, p. 794-816) ao pensamento de Guilherme de Ockham. Para que a leitura fique mais fluída, só quando for extremamente necessário, faremos uma citação no corpo do texto.

e concretizou isso afirmando a inviabilidade de fundamentar a fé em uma justificativa racional.

Vale constar que essa dissolução entre fé e razão partiu, primeiramente, da teologia. Afinal, a dissociação entre teologia e filosofia foi empreendida pelos próprios teólogos. Desse modo, a finalidade da ruptura entre esses dois campos foi teológica, e não filosófica.

O primeiro autor que exerceu influência decisiva sobre o último desenvolvimento do pensamento medieval foi Guilherme de Ockham.

Guilherme de Ockham nasceu por volta de 1300 em Ockham, no condado de Surrey, perto de Londres. Ele ingressou na ordem franciscana e fez seus estudos na Universidade de Oxford entre os anos de 1312-1318. Mais tarde (1318-1320), tornou-se professor em Oxford, passando a comentar as *Sentenças*, de Pedro Lombardo. Nesse período, Ockham escreveu um comentário às *Sentenças* e, com base nele, o reitor de Oxford emitiu um comunicado ao papa listando 52 proposições que, segundo sua interpretação, eram heterodoxas. Ockham foi chamado a Avinhão para responder às acusações. Foi submetido a uma instrução de quatro anos, que ocasionou na condenação dessas proposições.

Nesse meio tempo, Ockham tomou partido na discussão entre o imperador (Luís da Baviera) e o papa (João XXII) sobre o poder temporal da Igreja. Por ter tomado posição favorável ao imperador, Ockham se viu obrigado a fugir para Pisa a fim de ficar sob a proteção do imperador, passando a defender os interesses deste contra a Igreja. Em 1330, acompanhou o imperador a Munique, onde escreveu uma série de escritos políticos dirigidos contra o papa.

Não há certeza sobre o ano correto de sua morte. O que se sabe é que Guilherme de Ockham morreu em 1349 (1350?), vítima da peste negra. Suas concepções filosóficas encontram-se nos seus escritos de lógica e nos comentários à física aristotélica, sobretudo, nos seus escritos teológicos, como o *Comentário às sentenças* e outros escritos.

Segundo Etienne Gilson (1995, p. 796), Guilherme de Ockham veio a ser o ponto de chegada de movimentos intimamente ligados à história da lógica medieval, desde Pedro Abelardo até a crise averroísta dos fins do século XIII. Gilson (1995, p. 796-797) destaca dois elementos muito importantes da filosofia de Ockham: 1) para Ockham, somente é válido e obrigatório um gênero de demonstração, isto é, uma proposição, para ser verdadeira, consistente, precisa se mostrar como imediatamente evidente, ou que ela se deduza, necessariamente, de uma proposição imediatamente evidente. Assim, exige-se certo rigor das demonstrações dessas proposições. Embora muitos outros teólogos anteriores a Ockham já admitissem isso, ele fez isso de forma nova, provocando consequências novas na aplicação desse critério.

O segundo elemento é que há, em Ockham, uma preferência pelo particular em vez do universal. Autores como Tomás de Aquino, Duns Scotus, São Boaventura, entre outros, postulavam a primazia do universal sobre o particular. Dessa forma, Ockham propôs uma mudança de olhar, de paradigma, em que se abandona o universal e se interessa pelo particular, fundando, assim, um empirismo radical.

Gilson (1995, p. 797) ainda destaca que o estudo de Ockham permite constatar um fato muito importante constantemente ignorado: a ruína daquilo que chamamos vagamente de *filosofia escolástica* não se encontra na filosofia moderna, mas sim na própria crítica interna da filosofia medieval. A crise da filosofia escolástica é anterior à constituição da filosofia moderna. O estudo de Ockham destaca justamente isso: que a dissolução da filosofia medieval é interna.

Partindo do que já falamos, para Ockham, o conhecimento certo é aquele imediatamente evidente ou que se reduz a uma evidência imediata.

Importante!

Assim, em Ockham, temos duas formas de conhecimento: o conhecimento abstrato e o conhecimento intuitivo. O **conhecimento abstrato** tem por objeto apenas as **relações de ideias** ou as relações entre os conceitos. Por exemplo, na frase "Paulo é mortal", está expressa uma relação de ideais. Enunciados desse tipo caracterizam os objetos do conhecimento abstrato. Todavia, mesmo quando o conhecimento abstrato estabelece a relação necessária entre os conceitos, ele não garante que as coisas reais se conformem à ordem das ideias.

Isso quer dizer que nem tudo o que pensamos conforma-se à realidade das coisas. Segundo Ockham, se desejamos que uma proposição seja verdadeira e, ao mesmo tempo, afirme o que, de fato, está na realidade, precisamos de uma evidência imediata, não mais abstrata, mas sim intuitiva.

O conhecimento intuitivo[9] e o conhecimento abstrato não são tomados como coisas distintas em Ockham. Eles são partes de um

---

9 Classicamente, o conceito de **intuição** expressa a relação imediata, isto é, sem mediação com determinado objeto. A filosofia medieval utilizou esse conceito para expressar uma forma privilegiada da consciência humana: o conhecimento empírico. Por exemplo, com base na intuição, você tem consciência de que está segurando este livro neste exato momento. Intuitivamente, por meio dos seus sentidos, você sabe disso. Não obstante, esse conceito não é inovador em Ockham. Duns Scotus já o havia utilizado para designar aquilo que existe ou que está presente na existência atual. Ver mais em Lima e Schneider (2013).

A teologia cristã na Idade Média

mesmo processo, mas, em Ockham, o conhecimento intuitivo tem um valor a mais. Em várias ocasiões, Ockham repete que o **conhecimento intuitivo tem por objeto as existências reais** e, com base nele, somos capazes de alcançar os fatos assim como eles são. Assim, o conhecimento abstrato, por oposição ao conhecimento intuitivo, não nos permite saber se uma coisa que existe realmente existe, ou se uma coisa que não existe realmente não existe. O conhecimento intuitivo é o único que permite que saibamos que uma coisa é quando ela é, e que uma coisa não é quando ela, de fato, não é. Daí o porquê de o conhecimento intuitivo, ou sensível, ser o único conhecimento certo quando se trata de alcançar as existências reais. É somente por meio dele que conseguimos falar das coisas reais, existentes.

Por exemplo, se eu vejo um objeto vermelho, essa simples intuição de que eu estou vendo um objeto vermelho me permite estabelecer um vínculo evidente entre esses dois termos: "esse objeto é vermelho". Essa simples intuição, possível por meio do conhecimento intuitivo, me permite afirmar essa verdade.

Em suma, o conhecimento intuitivo em Ockham é o ponto de partida do conhecimento experimental. Melhor dizendo, o conhecimento intuitivo é o conhecimento experimental. Somente por meio do conhecimento experimental podemos formular generalizações do conhecimento particular, isto é, formular proposições universais, que são os princípios da filosofia e da racionalidade.

Ockham se utilizou constantemente de um princípio metodológico simples, mas de grande efeito persuasivo: o **princípio da economia do pensamento** ou a **Navalha de Ockham**. Segundo Gilson (1995, p. 798), Ockham utilizou esse princípio com o intuito de reconhecer e assegurar o conhecimento experimental.

Pois bem, no que consiste esse princípio? Ockham o formula da seguinte forma: não se deve multiplicar os seres sem necessidade.

Em outras palavras, nunca se deve afirmar que uma coisa existe se não está, de fato, obrigado a afirmar que ela existe. E, se não se deve afirmar que uma coisa existe quando não é obrigado a fazê-lo, é porque a experiência é a única garantia da sua existência. Por essa razão, Ockham vai tentar explicar as coisas da forma mais simples possível e tentar tirar a filosofia do campo das essências e das supostas causas imaginárias das coisas.

Com efeito, segundo Ockham, se queremos saber o que é uma essência (o que uma coisa é) ou se ela, de fato, existe, é necessário, em primeiro lugar, procurar por ela, constatar se ela existe. E, se ela existe, sempre constataremos que ela coincide com o particular. Assim, encontramos, em Ockham, o primado do individual, do particular. Se, em Tomas de Aquino, tinha-se o primado do universal, em Ockham temos a exaltação do individual. Por conseguinte, o pensamento de Ockham contrasta com os dois pensamentos hegemônicos da Idade Média – o aristotelismo e o tomismo –, os quais afirmavam que o verdadeiro saber tem como objeto o universal.

Para tornarmos isso um pouco mais claro, tomemos uma garrafa como exemplo. Ao buscarmos compreender o que é uma garrafa (sua essência), não recorremos à ideia (universal) que temos da garrafa, mas, sim, tomamos em mãos um exemplar e o analisamos. Em outras palavras, recorremos ao particular, ao concreto, ao objeto real, e não à ideia que possuímos de tal coisa.

Pois bem, vamos retornar à explicação sobre o princípio da economia do pensamento. Segundo Gilson (1995, p. 798): "Reconhece-se a causa de um fenômeno pelo fato de que, estando apenas a causa colocada e o resto destruído, o efeito se produz, ao passo que, se a causa não for colocada e ainda que tudo o mais o fosse, o efeito não se produz". Em outras palavras, se quero afirmar a causa de um fenômeno, primeiramente é necessário experimentar esse fenômeno para que, em um segundo momento, possa entender a sua causa. Contudo, para Ockham, um fenômeno não tem uma causa eficiente única. Às vezes, um efeito provém de várias causas.

Nesse sentido, se tomássemos um fenômeno em particular, não deveríamos atribuir a ele uma única causa sem necessidade. Só podemos atribuir uma causa eficiente a determinado fenômeno se a experiência nos obrigar a fazê-lo. No caso da garrafa de vidro (fenômeno particular), por exemplo, sua causa é a areia (causa sem necessidade). Para afirmar que a garrafa de vidro é feita de areia (causa eficiente), seria necessário, literalmente, dissecar a garrafa de vidro e, com base nas pesquisas, atribuir-lhe a sua causa.

Portanto, o único meio de provar que uma coisa é a causa de outra é recorrer à experiência e raciocinar com base na ausência e na presença dessa causa. No caso da garrafa de vidro, só poderia provar que a areia é a sua causa se, ao analisar essa garrafa, eu conseguisse, pela experiência e pela racionalidade, perceber se essa causa (a areia) está presente ou ausente.

Desse princípio metodológico resultam algumas consequências, como a negação de algumas espécies de intencionalidades e das provas tradicionais da existência de Deus.

No contexto da sua teoria do conhecimento e das exigências lógicas do seu pensamento, Ockham excluiu toda a intuição de Deus. No que se refere ao conhecimento abstrato, ele destacou a incerteza em relação àquilo que se afirma sobre Deus.

Segundo Ockham, nada pode ser conhecido pela via natural se não for conhecido intuitivamente. Tudo o que se pode conhecer deve passar, primeiramente, pela experiência. Contudo, Deus não pode ser conhecido pela experiência – afinal, Deus não pode ser conhecido intuitivamente por meio dos sentidos. Assim, as construções teóricas fundamentadas em uma suposta teologia natural são inconcebíveis para Ockham.

Do mesmo modo, ele vai criticar os conhecimentos *a posteriori*, ou abstratos, particularmente no tocante às provas da existência de Deus de Tomás de Aquino e de Escoto. Segundo Ockham, nenhuma dessas provas é coagente; elas não têm um fundamento tão evidente.

Retomando um dos cinco caminhos das provas da existência de Deus de Tomás de Aquino – o caminho da causa eficiente (todo ente tem uma causa que lhe é anterior e, assim, sucessivamente, até chegarmos a uma causa primeira) –, Ockham coloca-se contrariamente à posição metafísica, considerando que provar a existência de Deus recorrendo à causalidade das coisas é um absurdo. Antes de nos basear em uma causa eficiente, precisamos nos basear em uma causa conservadora, pois o caminho das causas conservantes[10] é um caminho melhor.

Ockham vai dizer que alguma coisa é produzida (ou causada) por um ente se, em todo o tempo em que ela se mantém existente no real, ela é conservada por um ente. Por exemplo: o mundo é produzido por alguma coisa que lhe é anterior. Se ele é produzido, também é conservado por alguma coisa que o mantém em todo o tempo que permanece existente. Nesse caso, o ente que mantém o mundo é produzido por outro ou é necessário? Se ele não é produto de outro ente, então, é a causa eficiente e a causa conservante do mundo. Assim, Ockham considera que toda causa eficiente também é uma causa conservante. Porém, se aquele ente que conserva o mundo é produto de outro, então, ele é conservado por esse que o produz.

Sobre o ente que produz e mantém o mundo, também podemos perguntar se ele é produzido ou não. Se ficássemos nesse processo regressaríamos ao infinito das causas ou, então, em algum momento,

....

10 Devemos entender por **conservação** o ato por meio do qual uma coisa conserva o seu ser. Dito de modo bem simples, é ato por meio da qual uma coisa se mantém existente.

nos deteríamos em algum ente que só conserva e não é conservado – em outras palavras, é necessário. Nesse sentido, esse ente seria a causa eficiente primeira e a causa conservante primeira. Não obstante, como é impossível retrocedermos ao infinito nas causas eficientes e conservantes – porque, nesse caso, existiria o infinito em ato – e, como o infinito em ato não existe, há um ser que é a causa eficiente primeira e a causa conservante primeira.

Segundo Reale e Antiseri (1990, p. 626), a força do argumento de Ockham está no fato de que "os entes produzidos não podem conservar a si mesmos, caso contrário, de contingentes que são, se transformariam em necessários". Portanto, os entes produzidos têm a necessidade de alguma causa conservante. Como não se pode conservar aquilo que não se produziu porque, afinal, é necessário, então, essa causa conservante é a causa eficiente, ou seja, a origem de todos os demais entes. No caso do mundo, essa causa eficiente e conservante é a origem do mundo; é a responsável por lhe dar e conservar a existência.

Para Ockham, na ordem das causas eficientes, não é um absurdo retrocedermos ao infinito. Por que, então, o seria na ordem das causas conservantes? Porque as causas conservantes, "coexistem com os entes conservantes; portanto, se as primeiras fossem infinitas, ter-se-ia a existência atual de uma infinidade de entes" (Reale; Antiseri, 1990, p. 626), o que é um absurdo, pois os entes nascem, vivem e morrem, não se conservando infinitamente.

Portanto, na ordem das causas eficientes, não é absurdo regressar ao infinito porque os entes são produzidos por outros entes, e esses por outros, e esses outros por outros e assim por diante. Agora, quanto ao ato de conservação da existência atual dos entes, é, sim, um absurdo regressar ao infinito. Lembrando que, no método de pesquisa adotado por Ockham, primeiramente devemos nos basear na realidade sensível. Nesse sentido, é a realidade que irá balizar, fundamentar, os discursos teóricos sobre o real. Portanto, o que a realidade nos informa é que os entes não são infinitos e que, por isso, não é possível ir ao infinito nas causas conservantes. Logo, só existe uma causa conservante.

Segundo Reale e Antiseri (1990, p. 626), a razão pela qual Ockham parece preferir esse tipo de argumentação é a seguinte: "a realidade da causa conservante é tal no ato em que expressa a potência que faz ser e não ser, que conserva e não conserva; por isso, a certeza de que sua existência está ligada à existência em ato do mundo, que necessita a cada instante ser mantido no ser".

Dito de outra forma, como compreendemos a realidade da causa conservante? Quando observamos o mundo, constatamos que as coisas, constantemente, são e não são. Aqui está a realidade da causa conservante, pois, quando olhamos para o mundo, vemos que o mundo existe. Porém, ele existe não por sua própria competência, mas em virtude de algo que o mantém. Logo, o mundo necessita que, a cada instante, seja mantido na existência, porque, se o mundo deixasse de existir, nada passaria, então, a existir. Assim, entendemos que existe algo que mantém o mundo na existência. Essa causa que conserva a existência do mundo é Deus.

Entretanto, dentro desse quadro, o que poderíamos falar dos atributos divinos (a unicidade, a infinitude, a onipotência, a providência etc.)? Segundo Ockham, todas as provas apresentadas em favor dos atributos de Deus não passam de argumentos prováveis. Esses argumentos não são demonstráveis, visto que não conseguem excluir toda a dúvida. A única coisa que podemos afirmar é a transcendência de uma causa eficiente e conservante – não é possível ir além disso. O que não seria pouco, pois essa afirmação permite escapar de qualquer acusação de agnosticismo, já que, "ao propor a causa como transcendente à ordem finita, ela garante as premissas que tornam possível que tal Absoluto se manifeste à razão com meios próprios, isto é, com a Revelação, da qual – e somente da qual – pode-se captar a sua verdadeira fisionomia" (Reale; Antiseri, 1990, p. 626-627).

Ao criticar as demonstrações tradicionais dos atributos divinos, Ockham não pretende desconhecer a existência de Deus, e sim destacar a fraqueza dos argumentos humanos. As demonstrações apresentadas em favor dos atributos de Deus não são argumentações rigorosas porque elas não excluem todas as séries de dúvidas. Portanto, se o âmbito da racionalidade humana não consegue captar o todo da realidade divina, devemos compreender que o âmbito da fé é mais amplo, porque é o âmbito "das verdades conhecidas através da Revelação" (Reale; Antiseri, 1990, p. 627).

Com base em Ockham, compreendemos que, em relação às verdades teológicas, a razão humana deve abandonar essa mania recorrente de querer demonstrar, explicitar e determinar, pois a razão não tem importância nesse âmbito. Não porque as verdades teológicas sejam desprovidas de conteúdo racional, ou que sejam incognoscíveis, ou apenas de ordem prática, mas porque toda a especulação sobre Deus é, justamente, isso: uma especulação. As afirmações sobre o divino têm uma natureza especulativa sem atinência com a prática. Elas são chamadas de *especulativas* porque não conseguem constituir um saber certo e demonstrável efetivamente. No que concerne ao divino, a razão humana tem um papel irrelevante, superado pela "intensa luminosidade da fé" (Reale; Antiseri, 1990, p. 627).

Com efeito, ao afirmar essas coisas, Ockham derruba uma série de pretensões da razão. Para ele, o papel do teólogo não é o de demonstrar, pela razão, as verdades aceitas pela fé, e sim, por meio da superioridade das verdades da fé, demonstrar a insuficiência da razão. Por conseguinte, Ockham pretendeu instituir um conceito mais restrito de razão, restringindo esse conceito às suas fronteiras legítimas. Ao mesmo tempo em que ele faz isso, salvaguarda a especificidade da fé. De fato, ele salvaguarda a especificidade de ambas: da razão e da fé.

Conforme Reale e Antiseri (1990, p. 627):

> Os ditames da fé estão presentes como puros "dados" da Revelação na sua beleza original, sem os ouropéis da razão. A sua aceitação deve-se exclusivamente ao dom da fé. A fé é o fundamento da vida religiosa, assim com o é da verdade cristã. Enquanto o esforço da escolástica moveu-se na direção da conciliação entre fé e razão, com mediações e construções de diversas dimensões, o esforço de Ockham se orienta no sentido de derrubar tais orientações, apresentando como separados, mas com todo o seu peso, o universo da natureza e o universo da fé. (Reale; Antiseri, 1990, p. 627)

Assim, a proposta de Ockham não é mais compreender para crer ou crer para compreender, mas sim compreender **e** crer.

Síntese

Quadro 4.1 – Síntese do Capítulo 4

Fato/ Personagem	O que ou quem foi	Ênfases	Influência na história da teologia
Escolasticismo	Movimento cultural que influenciou a teologia e a filosofia.	Articulação entre a fé a razão.	Os campos de atuação da teologia foram ampliados.
Anselmo de Cantuária	Teólogo da escolástica.	Desenvolveu uma teologia filosófica. Falou sobre Deus por meio de categorias racionais.	Teologia com base em aspectos racionais, mais ancorada na realidade.
Pedro Abelardo	Teólogo da escolástica.	Militou nas áreas da lógica, da ética e da teologia.	Análise mais criteriosa dos textos bíblicos.
Bernardo de Claraval	Teólogo da escolástica.	Desenvolveu a mística medieval.	Ênfase no conhecimento de Cristo.
João Duns Escoto	Teólogo da escolástica.	Propôs uma distinção entre filosofia e teologia.	Desenvolvimento do conceito do ente unívoco.
Tomás de Aquino	Teólogo da escolástica.	Aprofundou as relações entre fé e razão.	Autor da *Suma Teológica*, um dos tratados teológicos mais importantes da história da teologia.
Guilherme de Ockham	Teólogo da escolástica.	Afirmou as distinções entre o conhecimento abstrato e o conhecimento intuitivo.	Instituiu o princípio da Navalha de Ockham.

Atividades de autoavaliação

1. Assinale a alternativa que expressa corretamente os princípios da escolasticismo:
   a) A teologia escolástica medieval procurou demonstrar que a teologia cristã é racional e coerente.
   b) A teologia escolástica reproduziu um caráter apologético dos séculos anteriores.
   c) Santo Agostinho foi um dos grandes expoentes do escolasticismo.
   d) Em razão da ênfase no aspecto racional, o escolasticismo foi muito bem recebido por todos os teólogos e filósofos do período.
   e) Cronologicamente, o escolasticismo está enquadrado no período do Iluminismo.

2. Assinale a alternativa que expressa corretamente o pensamento de Anselmo de Cantuária:
   a) Sua teologia caracterizava-se como uma teologia-esotérica.
   b) No meio da polêmica entre dialéticos e não dialéticos, que ocupou o centro das discussões filosóficas e teológicas na Idade Média, Anselmo se aproximou de uma posição bastante radical.
   c) Segundo Anselmo, o crente que já acredita em Deus pela fé procura, por meio da razão, justificativas para confirmar essa mesma fé.
   d) Para Anselmo, o ateu pode pensar em Deus sem lhe conferir existência real.
   e) Anselmo afirma que o superlativo de um ser absoluto só pode ser atribuído aos homens.

3. Assinale a alternativa que expressa corretamente o pensamento de Pedro Abelardo:
   a) Os seus escritos podem ser divididos em três áreas: psicologia, teologia e filosofia.
   b) No pensamento abelardiano, os absolutos e as convicções têm um lugar especial.
   c) De acordo com o pensamento abelardiano, a dialética impõe, primeiramente, uma análise dos termos da linguagem, buscando determinar suas funções e seus significados.
   d) Para Abelardo, quem crê na subjetividade radical dos universais incorre em um desmerecimento da realidade singular.
   e) De acordo com Abelardo, a função da razão e, em um contexto mais amplo, da filosofia, é determinar a verdade última.

4. Assinale a alternativa que expressa corretamente o pensamento de Bernardo de Claraval:
   a) Bernardo de Claraval, em quem se encarnou o ideal religioso de sua época, foi um dos fundadores da mística medieval.
   b) Bernardo contribuiu, de forma significativa, para o advento das filosofias escolásticas.
   c) Segundo Bernardo, o caminho que conduz à verdade é razão.
   d) Para Bernardo, o homem integra-se a Deus quando o racionalismo realiza a perfeita semelhança.
   e) Em Bernardo, a filosofia seria o horizonte da união das vontades humana e divina e a coincidência do amor divino com o amor humano.

5. Assinale a alternativa que expressa corretamente o pensamento de Tomás de Aquino:

a) Para Tomás, a razão e a filosofia são *preambula fidei*. Em outras palavras, o objetivo da razão e da filosofia é oferecer razões de credibilidade.
b) Pelo fato de a teologia desfrutar de uma posição mais elevada em Tomás de Aquino, ele a considerou uma substituta da filosofia.
c) Tomás expôs as linhas fundamentais de sua metafísica em sua obra *Entendo, por isso creio*.
d) O conceito de ente é fundamental e indica qualquer coisa que ainda virá a existir.
e) A filosofia tomista é pessimista, pois descobre um sentido profundo no interior mesmo daquilo que existe.

Atividades de aprendizagem

Questões para reflexão

1. Como vimos, a escolástica constitui-se um movimento muito particular na história do pensamento ocidental. Ela está intimamente ligada à cultura medieval, que viu, na escolástica, a concretização do espírito de comunidade cristã e do seu modelo de organização; esta, por sua vez, reflete o destino da cristandade medieval. Explique o que queremos dizer com *cristandade medieval*.

2. Tendo como base a teologia de Tomás de Aquino, responda: Como é possível conciliar razão e fé?

Atividade aplicada: prática

1. Elabore um infográfico explicativo sobre a Navalha de Ockham.

capítulo cinco

A Reforma Protestante e a Contrarreforma

05

A partir do século XIV, em um primeiro momento localizada e, depois, generalizada, surgiu uma reação de oposição violenta contra os ensinamentos e o pensamento medieval, contra toda a produção científica elaborada nas instituições medievais. Nascido na Itália, durante os séculos XIV e XV, como um movimento artístico e literário, o Renascimento foi uma das correntes que marcou essa reação ao pensamento medieval e, aos poucos, tomou os ambientes universitários, fornecendo as bases do que, mais tarde, iria se chamar *humanismo*.

Esse foi o contexto em que nasceu a Reforma Protestante e, consequentemente, a Contrarreforma, ou Reforma Católica, temas que abordaremos neste capítulo.

5.1 O contexto das reformas

Alguns historiadores afirmam que o Renascimento deu origem à Idade Moderna e fim à Idade Média. Por um lado, essa afirmação é bem questionável, tendo em vista que o Renascimento não foi o único movimento de reação à Idade Média. Mas, por outro lado, há algo de correto nessa afirmação. Algo de novo aconteceu na Itália renascentista que mostrou uma capacidade de exercer forte influência e fascínio sobre várias gerações de intelectuais.

Pouco se sabe sobre o motivo de a Itália tornar-se o berço desse novo movimento. Alister McGrath (2005, p. 69) lista alguns fatores que podem nos ajudar a compreender o porquê disso:

1. A teologia escolástica, a mais importante força intelectual medieval, nunca teve uma influência italiana. Embora muitos teólogos importantes, como Tomás de Aquino, Gregório de Remini, entre outros, fossem de origem italiana, eles não viviam na Itália, mas trabalhavam e moravam no norte da Europa. Há, portanto, um vácuo intelectual na Itália durante o século XIV. Esses espaços, eventualmente, foram ocupados e o humanismo renascentista empenhou-se em ocupar essas brechas.
2. A Itália estava repleta de arquitetura da Antiguidade. Os antigos monumentos e as antigas construções romanas estavam espalhados por todo o país. Na época do Renascimento, houve grande interesse pela civilização greco-romana e, talvez, esse cenário tenha atuado como um estímulo para que os intelectuais retornassem à cultura clássica.

3. A decadência do Império Bizantino. Em 1453, a queda de Constantinopla gerou grande êxodo de intelectuais dessa região para o Ocidente. A Itália, por estar localizada perto de Constantinopla, tornou-se o destino de muitos desses imigrantes. Como consequência, houve um renascimento pelas línguas clássicas e, juntamente, um interesse pelos clássicos gregos.

Não obstante, torna-se muito evidente que esse retorno ao esplendor da Antiguidade, à cultura antiga, teve como fundamento forte oposição à cultura medieval. Os autores do Renascimento não tinham nenhuma consideração pelas conquistas da Idade Média.

No que diz respeito à teologia, considerava-se que o período clássico havia ofuscado a Idade Média, tanto em conteúdo como em estilo, e que esta vivia um período de trevas na produção teológica.

Dessa forma, o Renascimento se caracterizou, principalmente, como uma reação ao tipo de abordagem associado às faculdades de humanidades e de teologia das universidades do norte da Europa. A linguagem técnica, os debates escolásticos, o método escolástico de ensino (*disputatio*) foram deixados de lado, concentrando-se nos textos das Escrituras, principalmente, os textos originais.

5.2 A reforma luterana

A data considerada pelos historiadores como sendo o início da grande reforma é 31 de outubro de 1517, dia em que Martinho Lutero fixou suas 95 teses na porta da Catedral de Wittenberg. Na verdade, todo o século XVI foi marcado por uma série de movimentos religiosos associados à Reforma Protestante. Cabe frisar que a

Reforma e movimentos associados não surgem de forma abrupta ou em um vácuo, mas são gerados no decorrer de um longo processo de transição.

Lutero nasceu na cidade alemã de Eisleben, em 10 de novembro de 1483. Seu pai era dono de uma mina e promovia uma rígida disciplina. Aos 14 anos de idade, foi estudar numa prestigiada escola dos Irmãos de Vida Comum. Em 1501, foi estudar na Universidade de Erfurt, onde recebeu o grau de bacharel em artes e o de mestre em artes em 1505 (McGrath, 2005, p. 89).

Era desejo de seu pai que Lutero se tornasse advogado, no entanto, em sua autobiografia, ele conta que, certo dia, enquanto ia de sua cidade até Erfurt, ocorreu uma tempestade; ele, então, pediu proteção à Santa Ana, prometendo que, caso ela o livrasse da morte, ele se tornaria um monge. Lutero abandonou o projeto de se tornar advogado, vendeu os livros de direito e entrou num mosteiro de ordem agostiniana em Erfurt. Nesse mosteiro, ele viveu várias crises existenciais por não se achar suficientemente arrependido de seus pecados, por isso se penitenciava várias vezes com o intuito de que Deus o perdoasse completamente. Em razão das crises, Lutero afirmava que sentia mais ódio do que amor por Deus, pois via mais a ira do que a graça divina (Olson, 2001, p. 385).

Lutero procurava, com frequência, seu confessor no mosteiro, João Staupitiz, a fim de confessar seus pecados. Staupitiz, por isso, disse-lhe que o procurasse para se confessar quando realmente tivesse cometido um pecado digno de confissão e procurou demonstrar a Lutero as grandezas da graça e da misericórdia divinas. Enviado por seu confessor à Universidade de Erfurt para estudar Bíblia, teologia e filosofia, teve contato com teologias contrárias às ideias do escolasticismo (Olson, 2001, p. 386).

Como já estudamos, a teologia escolástica dava ênfase à razão humana para se conhecer a Deus, razão por que pode ser chamada de *teologia natural*. (McGrath, 2005, p. 112) Mas, para Lutero, é a fé que penetra a mente de Deus, e não a razão humana. Portanto, ele não era favorável à teologia de Tomás de Aquino, por exemplo.

Entre 1513 e 1517, Lutero ensinou a respeito de Salmos, Gálatas, Hebreus e Romanos. Quando leu Romanos, passou a refletir sobre a justificação pela fé. Em Romanos 1:17 – "Visto que a justiça de Deus se revela no evangelho, de fé em fé, como está escrito: o justo viverá da fé" – Lutero viu um fundamento para argumentar contra a venda de indulgências praticada pela Igreja.

Nesse mesmo período, um decreto foi promulgado pelo Papa Leão X a respeito da venda de indulgências. Originalmente, as indulgências eram usadas como forma de gratidão a Deus, mas, com o tempo, seu significado original foi se perdendo. Por causa de alguns abusos, Lutero denunciou a venda de indulgências, bem como a salvação pelas obras, e fixou, na porta da igreja de Wittenberg, 95 teses em que fazia críticas ao papado.

A publicação das 95 teses deu início ao confronto entre os interesses de Roma e Lutero (Olson, 2001, p. 349). Com efeito, o Papa Leão X exigiu que Lutero se retratasse, sob pena de ser considerado herético. Em resposta à ordem papal, Lutero queimou, publicamente, o documento que continha a intimação vinda de Roma. Como consequência, foi excomungado, mas, com a proteção dos nobres alemães, conseguiu manter-se escondido por algum tempo.

Em apoio às decisões do papa, o Imperador Carlos V convocou Lutero a comparecer diante da Dieta de Worms[1], para que fosse julgado pelos príncipes alemães. O julgamento foi favorável a Lutero, porque a maioria dos nobres era hostil a Roma. Contrariando a decisão da Assembleia, Carlos V determinou o banimento de Lutero dos territórios imperiais. Ele foi, então, acolhido pelo príncipe Frederico III da Saxônia. O aspecto político deve ser levado em consideração quando analisamos a Reforma, visto que a postura crítica de Lutero ao papado atendia também aos interesses da nobreza. Depois de um ano, ele voltou a Wittemberg e produziu vasta literatura teológica (Olson, 2001, p. 379).

Convencido de que a salvação era um dom gratuito de Deus, portanto, ela não estaria relacionada com o mérito humano, Lutero elaborou seus principais argumentos teológicos com base nesse conceito. Contrário ao escolasticismo, ele fez uma comparação entre a "teologia da glória" e a "teologia da cruz", denominando *teologia da glória* qualquer argumento que tentasse explicar Deus por meio da razão humana, sem o auxílio da graça divina. A teologia da glória conhece a Deus pelas obras, pelo esforço humano; na teologia da cruz, o conhecimento divino acontece pelo sofrimento.

---
1 "Na Dieta de Worms, o monge excomungado, Martim Lutero, vai ser colocado frente ao jovem Imperador Carlos V. [...] A Dieta corresponde a uma reunião dos representantes da nobreza e do clero alemães, onde eram tomadas resoluções relativas ao reino. A Dieta de Worms, como ficou conhecida, foi aberta a 27 de janeiro de 1521. [...] os assessores do imperador não estavam nada propensos a ouvir a Lutero. Para eles uma coisa estava certa: Lutero deveria ser condenado. [...] Lutero saiu de Worms a 26 de abril de 1521, às 10 horas. No caminho de volta para casa, Lutero foi ¨sequestrado¨ por amigos e levado para o Wartburgo" (Dreher, 1984).

A grande revelação de Deus à humanidade aconteceu mediante o sofrimento e morte de Cristo na cruz. Apesar disso, Lutero não negou que seja possível conhecer a Deus de maneira natural:

> Existe um duplo conhecimento de Deus: o geral e o particular. Todo homem tem o conhecimento geral, a saber, que Deus existe, que ele criou os céus e a terra, que ele é justo, que ele pune o perverso etc. mas o que Deus pensa de nós, o que ele quer dar e fazer para nos libertar do pecado e da morte e nos salvar – o que é o conhecimento particular e verdadeiro de Deus – isso o homem não sabe. Assim pode acontecer que a face de alguém me seja familiar, mas eu não o conheça realmente, porque não sei o que ele tem em sua mente. Assim é que os homens conhecem, naturalmente, que existe um Deus, mas eles não sabem o que ele quer e o que não quer. (Lutero, citado por González, 2004a, p. 42)

Para Lutero, é esse conhecimento natural que leva o homem a prestar culto a diferentes deuses, tendo em vista que a capacidade da mente humana de pensar em Deus é um sentimento nato. Além desse conhecimento natural, o reformador fala do conhecimento evangélico, que não é obtido pelo esforço humano, mas vem diretamente de Deus. Nesse aspecto, percebemos a influência do pensamento agostiniano (McGrath, 2005, p. 201).

A razão, segundo Lutero, carrega as marcas da queda de Adão, por isso ela não é capaz de, por si só, chegar ao conhecimento a respeito de Deus. Ao fazer essa afirmação, Lutero não está menosprezando o papel da razão e do pensamento do homem, visto que ele reconhece que a razão exerce importante papel no desenvolvimento da sociedade. A razão conduz o homem no aprimoramento da ciência e na invenção de matérias que melhorem a vida da sociedade. Embora tenha sido afetada após a queda de Adão, a razão é a capacidade natural mais excelente da pessoa humana, de acordo com Lutero. Entretanto, ela é incapaz de conhecer e explicar a Deus, para isso, o homem necessita do conhecimento evangélico, adquirido como um dom gratuito de Deus (González, 2004a).

Em Lutero, as Escrituras ganharam uma posição toda especial. Sabe-se que, durante o período da Idade Média, a tradição da Igreja tinha a mesma autoridade da Escritura. Para contrapor esse dogma, foi desenvolvido pelos reformadores o princípio da *sola scriptura*, ou seja, a Escritura é superior à tradição e à hierarquia da Igreja.

No final da Idade Média, havia teólogos que afirmavam que as Escrituras não tratavam de todos os pontos necessários, por essa razão, em sua providência, Deus havia estabelecido uma segunda fonte de revelação para suprir essa lacuna. De acordo com a Igreja, essa segunda fonte é a tradição. Os doutrinadores cristãos também argumentavam que foi a Igreja que estabeleceu o cânone, logo, ela poderia exercer autoridade sobre a Escritura. Lutero concordava com o argumento de que a Igreja participou ativamente na formação da Bíblia, mas contra-argumentava que, em contrapartida, o evangelho detinha a primazia sobre a Igreja – o centro das Escrituras é Cristo.

O reformador fazia a distinção entre os livros da Bíblia. Para ele, os livros que tratavam de maneira mais direta a respeito de Cristo eram os quatro Evangelhos, as epístolas de Paulo e I Pedro. Lutero teve dificuldades em reconhecer a Epístola de Tiago como apostólica, por causa das questões relacionadas às obras e à fé. Lutero comentou que, em Tiago, não há menção clara a respeito da morte e ressurreição de Cristo, temáticas centrais da fé cristã. Isso não significa que ele tenha rejeitado essa epístola, mas via nela um bom livro e uma boa declaração da lei de Deus, embora não a considerasse apostólica, pelo menos, naquele momento. Ele teve a mesma atitude com o livro de Apocalipse.

No que diz respeito à leitura da Escritura, Lutero afirmava que o texto bíblico precisa ser interpretado sob a ótica de seu contexto, a fim de se determinar a intenção do autor. Além disso, a iluminação do Espírito Santo seria primordial para que o leitor compreenda a mensagem bíblica. Ele defendeu o livre exame das Escrituras, em oposição à ideia católica de que apenas um magistério da Igreja tinha autoridade para interpretar o texto bíblico.

Lutero também fez uma distinção entre lei e evangelho presentes nas Escrituras. Ele não faz aquela divisão com a qual estamos habituados: Antigo Testamento, lei; Novo Testamento, evangelho. Embora haja mais de lei no Antigo Testamento e mais de evangelho no Novo Testamento, de acordo com Lutero, podemos encontrar evangelho no Antigo Testamento e, da mesma forma, a lei no Novo Testamento (McGrath, 2005, p. 270).

A lei pode ser compreendida como aquilo que regula a vida social. Ela refreia as ações do perverso e promove a ordem da sociedade. No caso da lei teológica, ele testifica a respeito de nossa pecaminosidade. Depois do pecado adâmico, o homem se tornou incapaz de cumprir a vontade de Deus, portanto, a lei nos mostra o quanto nós somos pecadores. Ela nos faz ver a extensão de nosso pecado e como o nosso esforço é incapaz de cumprir todos os mandamentos de Deus. O evangelho é a demonstração divina de que a salvação pode ser conquistada por meio da graça, e não do esforço e dos méritos do homem. A lei nos mostra a nossa miséria diante de Deus, mas, em contrapartida, no evangelho encontramos um Deus que nos aceita de maneira incondicional.

Outra discussão empreendida por Lutero foi com respeito à justificação pela graça mediante a fé. Vimos, em nossos estudos, que o tema sobre a participação humana na salvação esteve presente em todos os períodos da história da teologia, assim: qual é o papel da liberdade humana na salvação? Até que ponto ser "justo" diante de: Deus promove a salvação? Quanto à justiça divina, Lutero (citado por McGrath, 2005, p. 204-205) escreveu:

> *Certamente desejava compreender Paulo em sua carta aos Romanos. Mas o que me impedia de fazê-lo não era tanto a timidez, mas sim, aquela frase no começo do primeiro capítulo: "a justiça de Deus se revela no evangelho" (Rm 1.17). Porquanto eu detestava essa expressão "a justiça de Deus", que me haviam ensinado a entender como a justiça pela qual Deus é justo e castiga os pecadores iníquos.*
>
> *Apesar de levar uma vida irrepreensível como monge, sentia que era um pecador com uma consciência inquieta de Deus. Talvez não podia crer que o havia agradado com minhas obras. Em vez de amar esse Deus justo que castigava os pecadores, na verdade eu o odiava...Estava desesperado para entender o que Paulo queria dizer nessa passagem.*
>
> *Por fim, meditei dia e noite acerca das palavras "a justiça de Deus se revela no evangelho, de fé em fé, como está escrito: O justo viverá por fé" e comecei a entender que a justiça de Deus é aquela pela qual a pessoa justa vive pelo dom de Deus(fé) e que essa expressão "a justiça de Deus se revela" se refere a uma justiça passiva, pela qual o Deus misericordioso nos justifica pela fé, como está escrito, "os justo viverá pela fé". Isso me fez sentir, no primeiro instante, como se tivesse nascido de novo, como se tivesse entrado pelas portas abertas do próprio paraíso. Daquele momento em diante, vi as Escrituras sob uma nova luz...comecei a amar e exaltar como a mais doce das frases, de modo que essa passagem no texto de Paulo, para mim, a porta do paraíso.*

A fé, para Lutero, está relacionada a estes três pontos:

1. A fé não pode ser algo puramente histórica, mas consiste na crença e na confiança do Cristo que nasceu, morreu e ressuscitou a fim de redimir a humanidade de pecado.
2. Ter fé em Cristo não é apenas crer que ele existiu no passado, mas é também confiar toda a nossa existência a ele.
3. Por fim, fé não é apenas a crença em doutrinas, mas é uma união entre Cristo e o homem.

Apesar de ter feito várias críticas à religiosidade cristã de seu tempo, Lutero sempre fez questão de destacar a importância da Igreja. Ele se referia a ela como mãe, noiva de Cristo. Sua intenção nunca foi fundar uma nova Igreja, nem mesmo destruir a Igreja de seu tempo, mas reformá-la. Lutero também enfatizava a ideia do sacerdócio universal de todos os crentes, sem que estivesse menosprezando a função dos ministros. Na verdade, sua intenção era afirmar que todos são responsáveis por todos. É essa ajuda mútua que mantém o corpo de Cristo saudável e unido. Lutero também rejeitou a doutrina dos sete sacramentos, para ele, existem apenas dois: o batismo e a eucaristia.

5.3 A teologia reformada – Zwínglio e Calvino

Zwínglio (1484-1531) fez parte da primeira geração de reformadores na Europa. Nascido na cidade suíça de Glarus, em uma família com bom padrão de vida, Zwínglio recebeu uma boa educação:

estudou na Universidade de Viena e na Universidade de Basileia, onde recebera os títulos de bacharel em artes e mestre em teologia.

Entre os anos de 1506 e 1516, Zwínglio trabalhou numa paróquia na cidade de Glarus e se interessou pelos escritos de Erasmo, com quem se encontrou em 1516. Zwínglio se tornou um humanista bíblico, ou seja, voltou-se às fontes originais das Escrituras. Pela influência de Erasmo, também acreditava na supremacia das Escrituras em relação à hierarquia da Igreja. Em 1519, assumiu o pastorado da principal igreja da cidade suíça de Zurique. Nesse mesmo ano, houve um surto de peste bubônica e sua atuação humanitária no auxílio dos pobres e doentes nas ruas de Zurique, durante a peste, tornou-o muito popular (Olson, 2001, p. 450).

Durante o período em que foi pastor em Zurique, Zwínglio contribuiu na implementação de mudanças na Igreja e no poder público. Entre essas mudanças, as missas foram substituídas por cultos protestantes; práticas católicas, como quaresma, foram abolidas. Em pouco tempo, as ideias reformadoras não ficaram apenas em Zurique, mas se espalharam também por outras regiões da Suíça, como as cidades de Berna e Basileia. Em 1530, toda essa região havia se tornado protestante. Práticas católicas tradicionais como adoração de imagens, veneração à Maria, oração pelos mortos, venda de indulgências, foram proibidas na Igreja.

As igrejas protestantes na Alemanha preservaram muitos símbolos do catolicismo, o que levou Lutero a chamar Zwínglio de *fanático*; os católicos, por sua vez, diziam que os seguidores de Zwínglio eram rebeldes. Em 1531, as divergências entre os ministros de Zwínglio e os católicos saíram do campo das discussões teológicas e se transformaram num conflito armado, causando a morte de muitas pessoas, inclusive, a do próprio Zwínglio, nesse mesmo ano.

Assim como Lutero, Zwínglio destacava a superioridade das Escrituras em relação à tradição. Ele foi um humanista cristão e acreditava que, para a melhor compreensão das Escrituras, era necessário ler o texto bíblico em sua fonte original. Uma diferença entre Lutero e Zwínglio dizia respeito à autoridade de todos os livros da Bíblia. Como já estudamos, Lutero acreditava que livros como a Epístola de Tiago e o Apocalipse não eram livros apostólicos, portanto era preciso reconhecer o "cânon dentro cânon". Para Zwínglio, entretanto, todos os livros da Bíblia são a Palavra de Deus, de modo que não existem partes da Bíblia que sejam secundárias. Apesar disso, ambos os reformadores enfatizavam a necessidade da iluminação do Espírito Santo na mente do leitor para a clareza a respeito do texto lido.

Zwínglio também abordou assuntos como a providência e a predestinação, defendendo que Deus é soberano e tem o controle de todas as coisas. Em outras palavras, todos os eventos que ocorrem no mundo, desde os mais simples até os mais complexos, são pré-ordenados por Deus. Nós, como criaturas, temos de aceitar até mesmo as contradições da vida como fazendo parte de um plano maior de Deus.

Com base nessa concepção de que Deus é soberano e controla toda a história humana, Zwínglio abordou o ensino a respeito da predestinação. A predestinação e o livre arbítrio, para ele, estão relacionados com a providência, a crença de que Deus controla e orienta todo o universo. Portanto, Deus não apenas sabe todas as coisas, mas ele também faz todas as coisas. Os eventos não são meros acasos, mas fazem parte do plano divino. Essa capacidade de saber e fazer tudo é uma das características da natureza de Deus. Quando Deus criou a humanidade e os anjos, ele já sabia, antecipadamente, a respeito da queda deles. Quando Adão pecou e, até mesmo, quando Satanás caiu, esses eventos não foram contra a vontade de Deus, pois faziam parte dos projetos eternos dele. Logo, se Deus sabe e faz todas as coisas, a salvação é o resultado da eleição divina, não do esforço humano, de acordo com a concepção de Zwínglio (Olson, 2001, p. 475).

Assim como Deus predestinou as pessoas para a salvação, ele também teria predeterminado os condenados para o inferno. As pessoas que reivindicam a eleição, mas, em certo momento da vida, abandonam a fé cristã, nunca foram eleitos de fato. Os que vivem no mal estão rejeitados por Deus, mas pode ser que, entre eles, haja pessoas predestinadas, cuja eleição pode se manifestar a qualquer momento. Portanto, não há como perder a salvação, pois todos os eleitos já foram predestinados.

Quanto às pessoas que viveram na Antiguidade e àqueles que nunca ouviram falar do evangelho, Zwínglio acreditava que alguns deles podem estar entre os eleitos, tendo em vista que Deus os julgará de maneira diferente. Portanto, o reformador foi um defensor da doutrina da predestinação. Em alguns momentos, Zwínglio quis destacar tanto a soberania de Deus que alguns o chamaram de *herético*. Como Deus pode ser responsável por todas as coisas, inclusive, as ruins? Zwínglio, então, disse que Deus não é o culpado ou responsável pelo pecado, mas ele pode tirar algo de bom do mal, a fim de executar seus propósitos eternos.

Zwínglio e Lutero tiveram outra divergência, dessa vez, relacionada à eucaristia. Lutero considerava a doutrina católica da transubstanciação um absurdo teológico. A respeito dessa doutrina, o reformador disse que:

> *Por mais de mil e duzentos anos a igreja creu corretamente, sendo durante esse período os santos patriarcas nunca, em nenhum momento ou lugar, mencionaram essa "transubstanciação" (uma palavra e uma ideia pretenciosa), até que a pseudofilosofia de Aristóteles começou a se infiltrar na igreja nesses últimos duzentos anos, durante os quais muitas coisas foram definidas incorretamente, como por exemplo, que a essência divina não é gerada nem gera; ou que a alma é a forma substancial do*

corpo humano... Mas por que Cristo não poderia incluir seu corpo na substancia do pão tanto quanto inclui nos acidentes? No ferro incandescente, por exemplo, as duas substâncias, fogo e ferro, se encontram de tal modo combinadas que todas as partes são tanto ferro quanto fogo. Por que não seria ainda mais possível o corpo glorioso de Cristo estar contido em todas as partes da substância do pão?...Aquilo que vale para Cristo também vale para os sacramentos. A fim de a divindade habitar num corpo humano não é necessário a natureza humana ser transubstanciada e a divindade ser contida sob certos acidentes da natureza humana. As duas naturezas simplesmente estão presentes em sua totalidade e é correto dizer: "Este homem é Deus; este Deus é homem". A filosofia não pode entender isso, mas a fé pode. E a autoridade da Palavra de Deus é ainda maior do que a capacidade de nosso intelecto de compreendê-la. Semelhantemente, não é necessário que no sacramento o pão e o vinho sejam transubstanciados e que Cristo seja contido sob certos acidentes a fim de que o corpo real e o sangue estejam presentes. Ambos permanecem lá ao mesmo tempo e diz-se verdadeiramente: "Este pão é o meu corpo; este vinho é o meu sangue", e vice-versa. (Entendi desse modo por ora tendo em vista a honra das palavras sagradas de Deus, contra as quais não permitirei que se cometa nenhuma violência por meio de argumentos humanos insignificantes, como também não permitirei que sejam distorcidas de modo a significar algo diferente do seu sentido verdadeiro. (Lutero, citado por McGrath, 2005, p. 217)

Embora Lutero discordasse da doutrina da transubstanciação, ele acreditava que Cristo está presente nos elementos da ceia, ou seja, no pão e no vinho. Posteriormente, historiadores da Igreja deram o nome de *consubstanciação* a essa doutrina luterana. No entanto, para Zwínglio, a ceia é um memorial que aponta para a morte de Cristo. Para resolver esse conflito teológico entre os dois reformadores, o Príncipe Filipe de Hesse promoveu um encontro entre eles na cidade alemã de Marburg, em 1529, conhecido como *Colóquio de Marburg*. Na discussão, foram citadas as palavras de Jesus no momento da ceia com seus discípulos, conforme registrado em Mateus 26:26, "Enquanto comiam, tomou Jesus um pão e, abençoando-o, o partiu, e o deu aos discípulos, dizendo: Tomai, comei; isto é o meu corpo". Lutero interpretou a última parte desse versículo – "isto é o meu" – literalmente, logo, Jesus estaria presente nos elementos da ceia. Todavia, para Zwínglio, "isto é meu corpo" é uma metáfora que simboliza um evento passado, ou seja, a morte de Cristo. No final do debate, ambos negaram a doutrina da transubstanciação, mas não chegaram a um consenso a respeito da presença de Cristo nos elementos da ceia.

Zwínglio também falou a respeito do batismo, que, como a ceia, também era símbolo da nova aliança. Assim como a circuncisão era uma forma de rito de iniciação do israelita, o batismo seria um ato simbólico de incorporação como um membro do corpo de Cristo. Para o reformador, o batismo não tem uma função regeneradora, portanto, é um testemunho público de um indivíduo regenerado pelo Espírito Santo. Em momento algum Zwínglio menospreza o batismo, mas apenas enfatiza que esse ato é um símbolo de algo mais profundo que aconteceu na interioridade humana. Zwínglio procurou explicar sua posição da seguinte forma:

> *Assim o batismo é administrado na presença da igreja àquele que, antes de recebê-lo, confessou a religião de Cristo ou tem a palavra da promessa, pela qual se sabe que pertence à igreja. É por isso que, quando batizamos um adulto, perguntamos se ele crê. E apenas se ele responder "sim" é que recebe o batismo. A fé, portanto, não é concebida pelo batismo... Pelo batismo, a igreja recebe publicamente quem já tinha sido recebido mediante a graça. Portanto, o batismo não transmite graça, mas a igreja confirma que a graça foi outorgada à pessoa que recebeu o batismo.*
> (Zwinglio, citado por Olson, 2001, p. 415-416)

Portanto, Zwínglio rejeitava a ideia de que o batismo purifica o pecado do indivíduo, por se tratar apenas de um ato simbólico.

Quando se fala em *João Calvino*, talvez a primeira palavra que venha a nossa mente seja *predestinação*. Entretanto, esse não foi o assunto central da teologia calvinista: sua preocupação era ser o mais bíblico possível e apresentar, de maneira clara, a teologia evangélica.

João Calvino nasceu em Noyon, perto de Paris, em 1509. Estudou na Universidade de Paris e, depois, se transferiu para a Universidade de Orléans, onde se formou em Direito. Acredita-se que sua conversão ao protestantismo aconteceu entre 1533 e 1534. Ainda jovem, associou-se a movimentos da Reforma em Paris.

Podemos dizer que Calvino fez parte da segunda geração de reformadores, cuja preocupação era sistematizar a teologia da Reforma, para que se tivesse uma ideia clara a respeito da crença do movimento protestante. Era preciso elaborar uma teologia sistemática baseada nas Escrituras e que fosse capaz de se defender da crítica da Igreja católica.

Em 1536, Calvino decidiu viajar para a cidade de Estrasburgo, onde se dedicou a uma vida de estudos. Como o caminho de sua cidade para Estrasburgo estava interditado, foi preciso mudar a rota e passar pela cidade de Genebra, na Suíça. Quando os protestantes daquela cidade ficaram sabendo que Calvino estava na cidade, rogaram-lhe que ficasse e os ajudasse na Reforma. Por um momento, Calvino relutou, tendo em vista que seu projeto pessoal consistia em apenas estudar e escrever; ele não queria se envolver com questões eclesiásticas da Reforma.

Guilherme Farel, um dos líderes do movimento em Genebra, foi um dos responsáveis por convencer Calvino a mudar de ideia. Se Calvino tinha a intenção de ter uma vida tranquila, apenas dedicada aos estudos, depois daquele encontro com Farel, sua vida tomou outra direção. Até sua morte, em 1564, ele permaneceu em Genebra e se tornou um dos mais influentes reformadores do protestantismo.

No ano de 1536, Calvino publicou sua obra *Institutas da religião cristã*, com seis capítulos. Pelos 25 anos seguintes, ele continuou a escrevê-la e, na publicação de 1559, as *Institutas da religião cristã* tinha 80 capítulos, divididos em quatro livros.

No primeiro livro, Calvino fez um tratado a respeito de Deus com um enfoque em seu poder criador e em sua soberania sobre toda a criação. O segundo livro abordou a necessidade da redenção humana e como ela foi executada por meio do sacrifício de Cristo. No terceiro livro, Calvino discorreu a respeito da maneira como a redenção é apropriada pelo homem e, no último livro, tratou da Igreja e de como ela se relaciona com a sociedade.

Na obra, que ficou mais conhecido simplesmente por *Institutas*, Calvino apontou dois tipos de conhecimento: o conhecimento de Deus e o conhecimento de nós mesmos. O verdadeiro conhecimento de nós mesmos acontece quando reconhecemos nossas misérias, o que nos move a buscar o conhecimento de Deus, que é nossa única suficiência. Calvino afirmava que, em todos os homens, existe uma semente da religião plantada no coração, que seria a capacidade da humanidade pensar em Deus. No entanto, não basta apenas sabermos que Deus existe, devemos procurar conhecer qual o papel que cada pessoa tem de ocupar no projeto global de Deus.

De acordo com Calvino, a humanidade está escravizada pelo pecado, razão pela qual é impossível conhecer a Deus apenas pelos métodos naturais; além disso, há uma distância entre a criatura e o Criador. Por isso, é preciso que conheçamos a Deus mediante a revelação, principalmente por meio das Escrituras. Assim como os demais reformadores, Calvino destacou a supremacia das Escrituras, as quais são a Palavra de Deus, na qual a autoridade da Igreja está fundamentada.

Assim como Zwínglio, Calvino também falou a respeito da soberania e da providência divina. Tudo o que acontece no universo está debaixo do governo de Deus. Todos os eventos, desde os mais simples até os mais complexos, acontecem de acordo com a vontade do Criador. Deus usa, inclusive, o mal cometido pelos homens para cumprir sua vontade. Até mesmo os homens maus estão fazendo a vontade oculta de Deus. Apesar de Calvino ter falado a respeito da predestinação, ela não é o centro de sua teologia. A doutrina da predestinação de Calvino está relacionada com a justificação pela fé, nada muito diferente daquilo que foi ensinado pelos demais reformadores.

No que se refere à doutrina a respeito da queda de Adão, Calvino ensinou que a humanidade está num estado de depravação, em decorrência do pecado. Sendo assim, tanto a razão como a vontade humana foram corrompidas pelo pecado, logo, o homem não tem condições, por si só, de buscar e conhecer a Deus.

Outro dos assuntos abordados na teologia de Calvino dizem respeito à Igreja. A marca de uma Igreja verdadeira é a pregação da Palavra de Deus. Além disso, ele fez a distinção entre a Igreja visível e a Igreja invisível. A visível é a comunidade de cristãos e a invisível é constituída dos eleitos, conhecidos apenas por Deus. Assim como Agostinho, Calvino acreditava que a Igreja visível é constituída dos eleitos e dos ímpios e que apenas Deus, no fim dos tempos, vai fazer a separação entre o "trigo e o joio".

Calvino foi o grande sistematizador da doutrina protestante, por isso recomendamos a consulta das *Institutas*, com a obra completa do pensamento do reformador.

5.4 A contrarreforma

A *Contrarreforma*, ou *Reforma Católica*, é um termo usado para se referir ao movimento da Igreja católica de reação às críticas do protestantismo no século XVI. Era preciso assegurar que as acusações feitas pelos reformadores, principalmente as de Lutero, eram injustificadas. No entanto, cabe destacar que a Reforma Católica não foi apenas a reação contra os ataques, mas também uma tentativa de aprimorar a eclesiologia e a teologia da Igreja. Um exemplo disso é que, mesmo antes de Lutero, já havia iniciativas de promover essas mudanças.

O teólogo católico João Eck (1486-1543) foi um dos principais oponentes da Reforma Protestante. Eck participou de um debate com Lutero e, como resultado, o teólogo católico publicou *Sobre a primazia de Pedro contra Lutero*. Ele também escreveu obras refutando as doutrinas de Zwínglio, como *Sobre o sacrifício da missa* e *Rejeição dos artigos de Zwínglio*. Outra obra que se tornou uma referência na refutação das doutrinas protestantes foi *Defesa dos princípios católicos* (McGrath, 2005, p. 280).

A reação de Roma ante a expansão do protestantismo veio por meio de várias medidas, entre elas, a reorganização do Tribunal do Santo Ofício, que atuava na Europa desde a Idade Média, julgando e punindo os que fossem suspeitos de difundir ideias e práticas religiosas em desacordo com a Igreja. Além disso, por iniciativa do Papa Paulo III, a Igreja realizou um dos encontros mais importantes de sua história: o Concílio de Trento. Esse concílio realizou-se entre

1545 e 1563, com algumas interrupções, e seu principal objetivo era se posicionar perante as críticas dos protestantes. Entre as decisões mais importantes tomadas em Trento, destacam-se a reafirmação dos dogmas católicos, a manutenção dos sacramentos, a confirmação da transubstanciação, da hierarquia do clero e do celibato.

O concílio também formulou normas para coibir possíveis abusos relacionados às indulgências e aprovou propostas para a fundação de seminários de teologia, destinados a melhorar a formação do clero. Surgiu, também, o *Index Librorum Proibitorum*, uma lista dos livros cuja leitura era proibida. Entre essas obras, estavam *O elogio da loucura*, do humanista Erasmo, edições de textos originais das Escrituras traduzidos por teólogos protestantes, além de textos de Calvino e Lutero.

Figura 5.3 – A contrarreforma

Os documentos finais do concílio foram assinados pelas mais importantes autoridades eclesiásticas da Igreja. Apesar de terem sido discutidos vários assuntos, o principal foi o que dizia respeito à doutrina da justificação, como uma forma de resposta a Lutero. Trento debateu a respeito de quatro pontos principais relacionados à doutrina de Lutero:

1. A natureza da justificação.
2. A natureza da justiça justificadora.
3. A natureza da fé justificadora.
4. A certeza da salvação.

No início de suas críticas à Igreja, Lutero afirmava que a justificação era uma mudança interior, ou seja, uma regeneração realizada pelo Espírito Santo, como condição para a salvação humana. Com efeito, justificação é, sobretudo, uma transformação. Como já mencionamos, Lutero acreditava que essa transformação era promovida não por mérito, mas pela graça mediante a fé. Entretanto, com o passar do tempo, Lutero passou a entender a justificação não como uma mudança interior, e sim como um título conferido por Deus. Para o reformador, é a regeneração realizada pelo Espírito Santo quem gera a mudança no interior, de modo que a justificação é ato de Deus declarar o pecador justo. Com efeito, a justificação não altera a natureza pecaminosa do homem, mas o seu *status* diante de Deus.

O Concílio de Trento não concordava com essa doutrina de Lutero. Os clérigos reafirmaram a ideia de Agostinho de que a justificação diz respeito a um processo de regeneração e mudança da natureza pecaminosa do homem. É aquilo que Jesus disse a respeito, em João 3:5, de que "quem não nascer na água e do Espírito não pode entrar no reino de Deus". Portanto, *justificação* é o mesmo que *regeneração*, conforme podemos atestar pelo decreto do concílio.

Como também já vimos, Lutero defendia a doutrina de que os pecadores não detêm nenhum tipo de justiça em si, mas que essa justiça era imputada por Deus no homem. O concílio também não aceitou essa ideia de Lutero. De acordo com a Igreja, os pecadores eram justificados numa justiça interna, implantada, graciosamente, por Deus no seu interior. Essa justiça é inerente ao homem e coopera para sua salvação.

Trento também criticou a afirmativa de Lutero de que a justificação é somente pela fé. De acordo com a Igreja, era estranha a ideia de que apenas o ato de crer seria suficiente para a salvação. Lembre-se de que, para a Igreja, justificação é o mesmo que regeneração, transformação interior, logo, além da fé, era necessária a obediência humana para que tal mudança ocorresse na natureza pecaminosa.

No entanto, Lutero jamais afirmou que a pessoa não deveria demonstrar certo esforço e obediência. Para o reformador, a vida cristã começa com a fé, sem a necessidade de se fazer boas obras como condição para se alcançar a salvação – boas obras são resultado, e não uma condição para que o homem seja salvo. Mesmo assim, o concílio decretou que a participação humana faz parte do processo de justificação

Outra doutrina discutida durante o concílio de Trento foi a Eucaristia. Já aprendemos que Lutero ensinava a doutrina da consubstanciação, a qual afirma que Cristo está, literalmente, presente nos elementos pão e vinho. Essa ideia de Lutero também foi rejeitada durante o concílio, ao passo que a doutrina da transubstanciação foi reafirmada. Como sabemos, Lutero ensinava que havia apenas dois sacramentos, a ceia e o batismo, contrastando com o ensino católico de que existem sete sacramentos: batismo, crisma, penitência, extrema unção, ordem e casamento. Para a Igreja, os sacramentos conferem graça aos homens e foram também reafirmados no concílio. No que diz respeito à autoridade da Palavra de Deus, Trento reafirmou que a tradução bíblica oficial era a *Vulgata latina*. Com efeito, ninguém poderia rejeitar aquele texto, usado há séculos pela Igreja.

Além de ter declarado a *Vulgata Latina* como a única tradução autorizada pela Igreja, Trento também reafirmou o papel da tradição. Portanto, as Escrituras e a tradição tinham o mesmo grau de autoridade. A tradução do Novo Testamento de Erasmo foi rejeitada e, a partir daquele momento, nenhum outro livro poderia ser publicado sem a autorização das autoridades eclesiásticas. A ideia luterana a respeito do livre exame das Escrituras também foi criticada no concílio. Quem era responsável pela "correta" interpretação das Escrituras era a própria Igreja. Os leigos não teriam o treinamento e a iluminação necessários para compreenderem o texto das Escrituras.

Como observamos, no Concílio de Trento, as principais doutrinas da Reforma Protestante foram combatidas e os dogmas da Igreja católica foram reafirmados. Em 1577, um grupo de luteranos escreveu a *Fórmula de concórdia*, que era uma declaração detalhada a respeito da doutrina luterana.

O movimento católico também foi reforçado pela estruturação de ordens religiosas, das quais uma das mais importantes foi a Companhia de Jesus, fundada por Inácio de Loyola, em 1540. Os *jesuítas*, como ficaram conhecidos seus integrantes, organizaram-se como um verdadeiro exército na Contrarreforma. Responsáveis pelo fortalecimento do catolicismo em muitos países em que atuaram, transformaram-se em educadores e desempenharam papel fundamental na catequese dos povos nativos das colônias portuguesas e espanholas na América. De todas essas contraofensivas da Igreja católica, a mais importante foi a realização do Concílio de Trento.

Síntese

Quadro 5.1 – Síntese do Capítulo 5

Fato/ Personagem	O que ou quem foi	Causas	Influência na história da teologia
Martinho Lutero	Reformador protestante do século XV.	Ansiava que a Igreja promovesse reformas tanto na teologia como na eclesiologia.	Movimentos protestantes na Alemanha e em outras partes da Europa.
Teologia reformada	Movimento liderado, principalmente, por Zwínglio e Calvino.	Empenharam-se no desenvolvimento de um pensamento teológico reformado.	Fundamentos da teologia protestante.
Contrarreforma	Reforma católica	Respostas ao movimento da Reforma Protestante, ao mesmo tempo em que empreendeu certas reformas na eclesiologia católica.	*Vulgata Latina* como a única tradução autorizada pela Igreja, o Concílio de Trento também reafirmou o papel da tradição.

Atividade de autoavaliação

1. Assinale a alternativa que identifica corretamente as informações sobre a vida de Lutero:
   a) A última metade do século XVI foi marcado por uma série de movimentos religiosos associados à Reforma Protestante.
   b) Era desejo de seu pai que Lutero se tornasse um monge agostiniano.

c) Entre 1513 e 1517, Lutero ensinou a respeito de Lucas, Tiago e do Apocalipse.

d) A publicação das 95 teses deu início ao confronto entre os interesses de Roma e Lutero.

e) Desde os primórdios da Reforma, Lutero intencionava iniciar uma nova igreja.

2. Assinale a alternativa que identifica corretamente informações sobre a vida de Zwínglio:

a) Zwínglio (1484-1531) fez parte da segunda geração de reformadores na Europa.

b) Pela influência de Erasmo, Zwínglio também acreditava na supremacia das Escrituras em relação à hierarquia da Igreja.

c) As igrejas protestantes na Alemanha rejeitaram muitos símbolos do catolicismo.

d) Assim como Lutero, Zwínglio negava que todos os livros da Bíblia são a Palavra de Deus.

e) Uma das convergências entre Lutero e Zwínglio dizia respeito à Eucaristia.

3. Assinale a alternativa que expressa corretamente a teologia de Calvino:

a) Calvino fez parte da primeira geração de reformadores.

b) A obra *Institutas da religião cristã* era organizada em 80 capítulos, divididos em quatro partes.

c) Na obra *Institutas*, Calvino apontou um tipo de conhecimento: o conhecimento de nós mesmos.

d) A doutrina da predestinação de Calvino está relacionada à teologia natural, divergindo daquilo que foi ensinado pelos demais reformadores.

e) A predestinação é o centro da teologia de Calvino.

4. Assinale a alternativa que expressa corretamente os ideais da Reforma Católica:
   a) O teólogo católico Erasmo de Roterdã foi um dos principais oponentes da Reforma Protestante.
   b) A reação de Roma ante a expansão do protestantismo veio por meio de várias medidas, entre elas, a reorganização do Tribunal do Santo Ofício.
   c) O Concílio de Trento também formulou normas para expandir, ainda mais, as indulgências.
   d) Os franciscanos organizaram-se como um verdadeiro exército na Contrarreforma.
   e) Apesar de tudo, o Concílio de Trento não abordou o tema da justificação.

5. Assinale a alternativa que caracteriza corretamente o Renascimento:
   a) O Renascimento se caracterizou, principalmente, como um apoio ao tipo de abordagem associado às faculdades de humanidades e de teologia das universidades do norte da Europa.
   b) No Renascimento, a linguagem técnica, os debates escolásticos e o método escolástico de ensino (*disputatio*) foram ainda mais incorporados.
   c) O Renascimento foi um movimento literário e artístico que ocorreu na Itália durante os séculos XIV e XV.
   d) Os autores do Renascimento tinham grande consideração pelas conquistas da Idade Média.
   e) No que diz respeito à teologia, no Renascimento considerava-se que o período clássico havia elevado a Idade Média.

Atividades de aprendizagem

Questões para reflexão

1. O que a Reforma Protestante tem a dizer para a Igreja da atualidade?
2. Qual é o ponto central da teologia reformada?

Atividade aplicada: prática

1. Faça uma pesquisa sobre as 95 teses de Lutero e descreva o que elas dizem sobre as indulgências.

capítulo seis
Teologia contemporânea

06

Neste capítulo, trataremos do modo como a teologia constrói o seu conhecimento, das muitas abordagens elaboradas e de seu desenvolvimento ao longo dos séculos XIX e XX. Descreveremos as principais características da modernidade, bem como do Iluminismo e do racionalismo, e seus desdobramentos no labor teológico.

Abordaremos também o liberalismo teológico, a neo-ortodoxia, o fundamentalismo e as teologias contextuais, levando em consideração alguns dos seus principais pensadores e o contexto em que essas perspectivas teológicas surgiram.

As "teologias" que vão se sucedendo ao longo deste capítulo devem ser vistas como perspectivas a respeito do mistério e da revelação no contexto experiencial, histórico e social em que, pouco a pouco, se desenvolveu a reflexão teológica na modernidade e na contemporaneidade.

6.1 Modernidade, Iluminismo e racionalismo

A modernidade no Ocidente se iniciou, efetivamente, com a *Renascença*, ou *Renascimento*. Como já dissemos anteriormente, esse foi um movimento cultural que se iniciou em Florença, na Itália, no fim do século XIV, e se difundiu por toda a Europa, promovendo uma retomada contextual das concepções de mundo antigas. Durante o Renascimento, houve um retorno à cultura clássica e suas tradições, bem como a seus valores. Nesse período, surgiram nomes como Leonardo da Vinci e Michelangelo, entre inúmeros artistas que revolucionaram a arte e a própria reflexão teológica por meio de seus quadros e afrescos presentes nas imensas catedrais espalhadas pela Europa.

Um de seus principais eixos, o humanismo (antropocentrismo) – que já estava sendo desenvolvido antes da explosão do movimento –, demarcou o Renascimento como sendo um evento que propunha colocar o ser humano no centro das reflexões, mas sem colocar Deus em segundo lugar. Deus continuou sendo soberano sobre todas as coisas.

Em seguida, ocorreu a chamada *revolução científica*, um período histórico que abrange os anos de 1550 a 1700, provocando alterações na compreensão teológica e filosófica de mundo. Até então, os seres humanos acreditavam na enorme relevância do cosmos (*kosmos*). A Terra estava no centro e a humanidade, no cerne dela. A fenda se abriu quando Nicolau Copérnico afirmou que não a Terra, mas o Sol estava no centro do universo. Aparentemente, essa colocação pode ser supérflua se inserida sobre uma ampla dimensão e construção teológico-filosófica, no entanto, ela foi bastante revolucionária com relação a toda a ordenação social e moral da época.

Essa constatação foi defendida também pelo astrônomo Johannes Kepler (1571-1630), culminando em uma desconfiança generalizada em relação à teoria aristotélica e no desenvolvimento de uma filosofia mecânica – que objetivava o estudo dos corpos em seus respectivos movimentos e constituições físicas.

O Iluminismo foi outro grande evento histórico que selou muitas das mudanças ocorridas nos séculos anteriores, fortalecendo nelas o teor da racionalidade. Iniciado no século XVII, foi um movimento que localizou a razão como o princípio norteador da própria humanidade (racionalismo). Esse período é conhecido também como a "Idade da razão".

A palavra *iluminismo* provém da tradução da palavra alemã *aufklarung*, que significa "aclaração, esclarecimento, iluminação". O movimento caracteriza-se por uma ilimitada confiança na razão humana. De acordo com Mondin (1981, p. 153), o Iluminismo considera que a razão humana é "capaz de dissipar as névoas do ignoto e do mistério, que obstruem e obscurecem o espírito humano, de tornar os homens melhores e felizes, iluminando-os e instruindo-os" (Mondin, 1981, p. 153). O movimento intelectual se desenvolveu no século XVIII e tinha como objetivo a difusão da razão, da "luz", para dirigir o progresso da vida em todos os aspectos.

Segundo Hägglund (2003, p. 291): "Durante esse século ocorreu profunda transformação científica e cultural, transformação essa que alterou completamente as condições nas quais se desenvolvia a atividade teológica".

Vítor Westhelle (2010, p. 13), teólogo luterano, descreve bem as transformações provocadas pelo Iluminismo no trabalho teológico:

> O Iluminismo provocou a crise da consciência religiosa no Ocidente, forçando uma transformação radical no método teológico. A razão desta transformação tem menos a ver com o desenvolvimento interno da

disciplina teológica que com o desaparecimento do autovalidado objeto do discurso teológico. A este objeto teológico autovalidado pertenciam, primeiramente, as assim chamadas "provas históricas" do cristianismo: as estórias de milagres, o cumprimento das profecias veterotestamentárias e a expansão do cristianismo nos primeiros séculos. Todas estas "provas" eram o substrato que fundava a empresa teológica como uma ciência positiva; quer dizer: tínhamos uma religião fundada em dados positivos de convicções históricas inquestionáveis. Até a era da razão implodir a catedral gótica do positivismo religioso ou do cristianismo histórico, nenhuma dúvida de monta se havia erigido contra as pedras fundamentais do edifício cristão. Desde Celso, no segundo século, os críticos do cristianismo não questionavam as bases sobrenaturais das provas históricas da fé cristã; questionavam, isso sim, a interpretação a elas dada e a reivindicação de exclusividade que a elas era anexada.

Assim, como observa Westhelle (2010), o fundamento sobrenatural da teologia foi fortemente abalado pelo racionalismo iluminista, reduzindo, dessa maneira, o caráter objetivo da teologia e lançando dúvidas sobre a sua natureza científica. Certamente, um grande desafio para o método teológico na modernidade. Mais à frente, avaliaremos melhor as implicações do Iluminismo para a teologia.

Figura 6.1 – Iluminismo e racionalidade

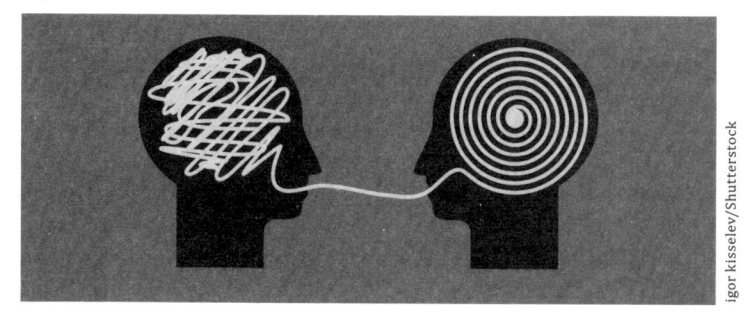

Apesar de o Iluminismo ter durado cerca de dois séculos apenas, durante esse período relativamente curto de tempo, uma nova cosmologia logrou destronar aquela que havia reinado na civilização ocidental desde os dias de Agostinho. Immanuel Kant, em *Resposta à pergunta: o que é Iluminismo?*, assim escreve:

> *O Iluminismo é a saída do homem do estado de minoridade de que ele deve imputar a si mesmo. Minoridade é a incapacidade de valer-se de seu próprio intelecto sem a guia de outro. Essa minoridade é imputável a si mesmo se sua causa não depende de falta de inteligência, mas sim de falta de decisão e coragem de fazer uso de seu próprio intelecto sem ser guiado por outro. Sapere aude! Tem a coragem de servir-te de tua própria inteligência! Esse é o lema do iluminismo.* (Kant, citado por Reale; Antiseri, 1990, p. 669)

Esse modo de pensar e de agir difundiu-se em muitos países da Europa, por meio das casas de chá, das cafeterias e dos salões literários. Os jornais constituíam outro meio de divulgação, cuja leitura era feita, coletivamente, em praças e logradouros públicos. A propagação das novas ideias preocupava, cada vez mais, os poderes públicos e a Igreja.

As primeiras manifestações do Iluminismo ocorreram na Inglaterra e na Holanda, com a contribuição do pensamento de Descartes, Newton, Spinoza e Locke. Mas o movimento tornou-se especialmente forte na França, onde a crise do governo absolutista levou os filósofos a um debate profundo sobre a política e a sociedade de um modo geral.

A cultura francesa estava marcada por forte sentido de conformismo, mas, no século XVIII, a atividade cultural revelou um intenso anseio pela liberdade. Esse novo pensamento espalhou-se pela Europa e chegou às Américas. No final do período, a hegemonia política e militar da França entrou em declínio, mas sua predominância cultural era cada vez maior.

A difusão dos ideais iluministas também ocorreu por meio de uma sociedade secreta: a franco-maçonaria. Homens de diversas profissões se uniam em sociedades secretas como a maçonaria, que surgiu com a fundação de uma loja em Londres, por John Polande, visando, além da divulgação do pensamento iluminista, a uma ajuda mútua em termos econômicos, sociais e políticos. Da Inglaterra, essa forma de associação espalhou-se pelo continente europeu e pelas Américas, agrupando burgueses e, muitas vezes, nobres e príncipes.

6.1.1 Características do Iluminismo

Como vimos, o Iluminismo pode ser resumido como grande confiança no poder da razão. O movimento também se caracteriza pela notória veneração pela ciência, cujos passos foram gigantescos já no século XVII, especialmente por obra de Galileu e de Newton, mas sem conseguir provocar interesse fora do círculo restrito dos especialistas e dos filósofos. No entanto, no século XVIII, o interesse pela ciência apoderou-se de todos e penetrou em todos os ambientes: nas cortes, nos castelos, nos salões, nos conventos e nos seminários. Os governos consideravam-se honrados em ajudar e facilitar viagens e empreendimentos científicos.

A veneração pela ciência associou-se, naturalmente, ao empirismo, que ofereceu à ciência um método que seria desafiado pelos positivistas e pragmatistas. Francis Bacon (1561-1626) publicou, em 1620, o seu *Novum organum,* em que desenvolveu um método indutivo de interpretação da natureza. Esse método, para ele, deveria substituir o método dedutivo de Aristóteles. Pelo método indutivo, também conhecido como *científico,* o cientista rejeita tudo o que seja baseado apenas na autoridade. Ele desenvolve uma hipótese, observa os fatos relacionados à sua ideia-tentativa e checa os fatos pela experimentação repetida.

As características principais do empirismo são:

1. **Não temos ideias inatas** – todo conhecimento procede da experiência.
2. **Conhecimento certo** na experiência atual, não no passado.
3. **Outro nível de conhecimento**, o da probabilidade, usando o julgamento (nunca há certeza absoluta, só a probabilidade).

O Iluminismo julga a razão capaz de eliminar todas as causas de infelicidade e de miséria em qualquer setor: jurídico (o direito natural torna perfeita a justiça de todos); pedagógico (a educação no estado de natureza, na base da pura razão, forma o homem para todas as virtudes); e econômico (as leis naturais bastam, por si só, para assegurarem o bem-estar social da humanidade).

A teoria filosófica de que todas as ideias derivam da experiência afirma que as experiências interna e externa são o único fundamento do conhecimento verdadeiro e da ciência. Embora personagens do Iluminismo, como John Locke e Francis Bacon, tenham estado associados à abordagem empirista, David Hume (1711-1776) é o mais claro representante do empirismo. O empirismo de Hume estabeleceu um critério para o significado e a relevância, que tem sido adotado por muitas pessoas desde os tempos dele.

Jean-Louis Schlegel, filósofo e sociólogo das religiões, é um estudioso atual das recomposições religiosas perante a sociedade contemporânea, especialmente acerca do lugar dos religiosos nas democracias. Em sua obra *A lei de Deus contra a liberdade dos homens*, Schlegel discorre sobre alguns elementos constitutivos da modernidade. Sua abordagem auxilia na compreensão da natureza da modernidade, assim como no esclarecimento quanto aos pontos desafiadores para as religiões em geral e também para a teologia cristã.

A seguir, faremos uma breve exposição desses elementos que compõem a modernidade, segundo a perspectiva de Schlegel (2009, p. 42-53).

a) **Autonomia**: Com o mundo moderno, inicia-se também a era da autonomia do ser humano. Agora, ele caminha sozinho, guiado apenas por sua razão. Parte-se de um ideal otimista sobre a capacidade humano de se orientar, exclusivamente, pela razão, de romper, portanto, com toda heteronomia, ou seja, com toda lei vinda de outrem, de que cumpre se emancipar.

b) **Democracia**: Um modelo político tipicamente moderno é o da democracia. Teoricamente, a vida democrática implica a participação do povo no poder que ele próprio se atribui por meio de seus representantes. Schlegel (2009, p. 43-44) observa que, "como regime dos indivíduos livres e iguais, ela significa o fim do 'teológico-político', isto é, do poder garantido e consagrado de 'cima', e, portanto, da autoridade sagrada". Todas as democracias instauraram a separação entre a religião e o Estado, ainda que haja divergências em relação às modalidades concretas dessa separação.

c) **Secularização**: Iniciada no século XIX, a secularização marca a modernidade. No Ocidente, findou o tempo em que todos os aspectos da vida cotidiana e pública, em seus atos e em sua linguagem, eram caracterizados pela religião cristã. Os marcos sociais e partes inteiras da vida cotidiana (economia, política, cultura, saúde e vida social, direito etc.) subtraem-se do domínio da religião, constituindo esferas autônomas, portanto, secularizadas. Contudo, Schlegel (2009, p. 46) destaca que esse processo não pode ser confundido com um mundo ou uma cultura "sem

Deus", ou, até mesmo, contra Deus, pois, nos países secularizados, numerosos a indivíduos podem continuar a ser crentes, a aderir a Igrejas e testemunhar sua fé.

d) **Direitos humanos**: As democracias modernas são Estados de direito, ou seja, Estados em que os direitos humanos são respeitados. Todo ser humano, como ser humano, detém sua dignidade inerente, que merece respeito, e nenhum poder, nenhuma força, pode desconsiderar esse princípio ético. Na democracia, tanto os papéis e as atribuições do Estado quanto os direitos do indivíduo cidadão andam de mãos dadas.

e) **Mundo científico e técnico**: A modernidade é caracterizada, entre outras coisas, pelas invenções científicas e as técnicas que delas decorrem. Assim, cada vez mais, o mundo humano afasta-se da natureza e torna-se artificial, cada vez mais fabricado. Diante desse fato, a modernidade nutre um ideal: adaptar, em toda parte, os meios aos fins, a fim de obter os melhores resultados com o máximo de eficácia. A razão instrumental torna-se onipresente por intermédio das esferas de existência e de produção da sociedade (escola, administração, saúde, economia etc.).

Isso posto, agora convém considerarmos as seguintes questões: Como a teologia cristã "acolheu" a modernidade? Como o Iluminismo e o racionalismo afetaram a abordagem interpretativa da Bíblia?

Immanuel Kant (1724-1804) foi um dos principais filósofos do século XVIII e influenciador da teologia moderna. Segundo Paul Tillich (2004, p. 90), "Talvez Kant (1724-1804) tenha sido muito mais importante para a teologia do que Hegel e Schleiermacher". Kant, em *A crítica da razão pura* (1787), tentou explicitar como funcionam os princípios da compreensão (por exemplo, cada evento tem uma causa) e as reivindicações da metafísica especulativa

(Deus existe, a vontade é livre, a alma é imortal). Kant acreditava que podemos estabelecer os princípios do entendimento, mas apenas para os fenômenos, ou as coisas, como eles aparecem para nós. Para ele, os princípios do entendimento são estabelecidos como condições da possibilidade de nossa experiência. As reivindicações da metafísica especulativa estão na dimensão do *noumena*, isto é, como as coisas são em si, portanto; o sujeito cognoscente não pode saber se são verdadeiras ou se são falsas.

Kant é crítico da metodologia da teologia natural, cujo artifício, segundo ele, é inferir a existência de Deus como a causa final do mundo. **Causa e efeito são propriedades do domínio empírico.** Kant argumentava que o autor do mundo deve ser tratado como um item de conhecimento teórico especulativo, que Deus não é um objeto empírico. Segundo o filósofo alemão, não é possível, em relação a um item de conhecimento teórico especulativo, causar uma causa ou efeito desse item, já que causa e efeito são propriedades restritas ao domínio empírico.

Portanto, argumenta ele, não é possível inferir do mundo a existência de uma causa que é um elemento de conhecimento teórico especulativo. Não é possível inferir, com base no mundo, ou em coisas conhecidas sobre o mundo, a existência de Deus, ou do absoluto. Kant conclui que o emprego da razão teórica especulativa no estudo da natureza não produz conhecimento teológico. Além disso, os efeitos são proporcionais às suas causas. Ele afirma que nenhum efeito empírico finito é de alcance suficiente para indicar uma causa da magnitude de Deus, observando que as questões transcendentais exigem categorias transcendentais (*a priori*, não empírico). Kant conclui, então, que as provas físico-teológicas são insuficientes para fornecer conhecimento teológico adequado (Essen; Striet, 2010, p. 139-143).

Kant aponta o problema epistemológico da teologia: ele afirma que a questão da existência de um ser supremo é sintética; requer a extensão do conhecimento além dos limites da experiência empírica para o campo das ideias. O conhecimento sintético, a *priori*, é uma descrição das condições formais de uma experiência empírica, contudo, Deus (de acordo com Kant) não é experimentado empiricamente. Portanto, Deus não pode ser conhecido sinteticamente, por meio da síntese da experiência empírica. Como comenta Tillich (2004, p. 90): "A mente humana finita não podia alcançar o infinito. Esse argumento passou a ser aceito por quase todos os pensadores dos séculos XIX e XX. Era um pressuposto básico".

O filósofo acredita que frustrou todas as tentativas de teologia natural usando a razão teórica e conclui que não é possível obter conhecimento de um ser original (Deus) usando qualquer método que seja semelhante às maneiras pelas quais as pessoas conhecem as outras coisas que conhecem. Finalmente, Kant garante que seus argumentos contra a capacidade humana de provar a existência de um ser supremo também indicam uma incapacidade de provar que tal ser não existe (Essen; Striet, 2010, p. 142).

Outra constatação de Kant é que não há como conhecermos o mundo e a realidade de forma isenta. Nossa mente é quem processa o conhecimento e sempre condicionará nosso entendimento às suas próprias categorias de causa, relação etc., que são ordenadoras de nosso pensamento. Sobre isso, comenta Francisco Nóbrega (2005, p. 24-25): "Nossa mente, segundo Kant, tem determinadas estruturas sob as quais percebe o Universo: são as categorias *a priori*, supraditas. Como uma pessoa que coloca óculos azuis e vê tudo azulado".

Como ilustração, podemos dizer que o sujeito cognoscente, ao se aproximar de seu objeto, a fim de compreendê-lo e apreendê-lo, o vê por meio de "óculos azuis" e, portanto, conceberá esse objeto como sendo azul, apesar de, na realidade, ele ser de outra cor. Em outras palavras, a recepção, ou a percepção, humana da realidade passa pelas categorias que estruturam a mente do sujeito, "colorindo" o mundo que se pretende compreender. "Do mundo, percebo, portanto, só as aparências. Nunca, as coisas como são em si" (Nóbrega, 2005, p. 25).

6.2 Fundamentos da teologia liberal

Para buscarmos as origens históricas da teologia liberal, precisamos entender o idealismo conforme pensado por Hegel. Em filosofia, o idealismo é entendido como a visão de que a mente é a realidade mais básica e que o mundo físico existe apenas como uma aparência, ou expressão da mente, ou como algo que é mental em sua essência interior. Em sua forma mais antiga, o idealismo representa qualquer visão que considera o mundo físico, de alguma forma, irreal comparado com alguma realidade mais definitiva, concebida como fonte de valor – por exemplo, as formas platônicas. Consideram-se os pais fundadores do idealismo, no Ocidente, os seguintes pensadores: Berkeley (idealismo teísta), Kant (idealismo transcendental) e Hegel (idealismo absoluto) (Durozoi, Roussel, 1996, p. 241-242).

O idealismo absoluto e o método dialético alcançaram sua forma, historicamente mais importante, na filosofia de Georg Hegel, filósofo alemão que "nasceu em Stuttgart, no que hoje é a Alemanha, em 1770, e cresceu na era da Revolução Francesa, quando a monarquia fora superada, e uma nova república, estabelecida" (Warburton, 2012, p. 141). Fortemente influenciado pela metafísica de Kant,

Hegel também afirmou o idealismo como a mais apropriada forma de compreender a realidade (Warburton, 2012, p. 141-142).

O trabalho filosófico de Hegel provocou enorme impacto no mundo ocidental, não só na filosofia, mas também na teologia, na religião, na política. Tillich (2004, p. 136) assim comentou sobre sua poderosa influência: "Embora Kant tivesse sido um pensador crítico mais profundo que Hegel – conquanto seja difícil, mas não impossível, um julgamento deste –, foi Hegel, mais do que Kant, que veio a criar uma nova época na história da filosofia, na história da religião, e na política".

Para Hegel, o mundo consiste em uma série de estágios, cada um superando seus predecessores (apenas, às vezes, temporais), incorporando o que era satisfatório neles, de uma maneira que reconcilia em uma síntese mais elevada, na qual eles se contradiziam. A série começa com conceitos puros, levando a processos naturais e, depois, humanamente históricos, e finaliza numa comunidade em serviço da liberdade, na qual cada indivíduo pode se encontrar realizado. Assim, tudo existe como caminho para uma ida espiritual plena e comunitária (Nóbrega, 2005, p. 68-71).

Fichte, Schelling e Hegel sustentavam que o mundo só poderia ser compreendido se o ser humano percebesse que ele é a concretização de conceitos/ideias, cuja origem está no espírito/na razão universal. Para esses idealistas, existe uma unidade real de experiência comum a mentes, aparentemente, diferentes no mundo: o mundo e tudo o que acontece nele é a criação de uma Mente ou Razão universal, que, em termos teológicos, pode-se chamar de *Deus*. Deus, para Hegel, é o espírito absoluto, que, em sua Trindade, manifesta-se historicamente e de forma dialética. Tillich (2004, p. 117) explica:

Segundo Hegel, Deus é espírito absoluto, e o homem, espírito relativo; Deus é espírito infinito, o homem espírito finito. Quando se diz que Deus é Espírito, se quer dizer que é poder criador [...] O espírito humano é a automanifestação do Espírito divino, e Deus é o Espírito absoluto presente e em ação através do espírito finito.

Segundo uma possível leitura teológica de Hegel, a dinâmica da vida de Deus ocorre assim: o Pai é o Espírito em si; o Filho representa o Espírito voltado para as dinâmicas da história; e o Espírito Santo é a síntese dos desdobramentos históricos, que se tornam o meio pelo qual o Espírito absoluto toma consciência de si e retorna a si, trazendo os aspectos positivos da história. Dessa forma, superam-se as ambiguidades e formas de negação da liberdade na história. Assim, o espiritual e o material são polos da mesma realidade e a realidade divina é a reconciliação do finito com o infinito (Warburton, 2012).

Assim, o sistema de Hegel defende a liberdade de Deus. Para o filósofo alemão, a liberdade, em termos negativos, é a ausência de dependência de um outro e, mais importante, é, em sentido positivo, uma relação entre si mesmo, ou uma autodeterminação. Segundo Hegel, a própria substância do Espírito é a liberdade, entendida nesse sentido preciso. A liberdade é um processo vivo que procede, necessariamente, da própria lógica do Espírito e desdobra-se no percurso histórico. Como observa Warburton (2012, p. 82) acerca do conceito de liberdade em Hegel:

O principal propósito da história é o entendimento por parte do Espírito de sua própria liberdade. Hegel narrou esse progresso desde aqueles que viviam sob o domínio de governos tiranos na antiga China e Índia, que não sabiam que eram livre, até a épocadele. Para esses "orientais", somente o governante todo-poderoso experimentava a liberdade. Na visão de

Hegel, as pessoas comuns não tinham absolutamente nenhuma consciência de liberdade. Os persas antigos eram um pouco mais sofisticados no reconhecimento da liberdade. Eles foram derrotados pelos gregos, e isso trouxe progresso. Os gregos, e depois os romanos, tinham mais consciência da liberdade do que aqueles que os antecederam. No entanto, ainda mantinham escravos. Isso mostrava que eles ainda não compreendiam totalmente que a humanidade como um todo devia ser livre, e não só os ricos ou poderosos.

Portanto, toda a posição de Hegel repousa na confiança de que essa lógica da liberdade não apenas determina a vida divina, mas também é acessível às pessoas, na medida em que o espírito humano e o divino não são qualitativamente diferentes. Dessa forma, a história é regida pelo princípio de busca contínua por mais liberdade, tanto individual quanto social. Hegel altera os termos tradicionais da religião, sobretudo, do cristianismo, quando modifica a compreensão da natureza divina. O filósofo Denis Rosenfield (2002, p. 177) expõe bem a questão:

"Deus", na acepção de espírito ou absoluto, é o seu próprio percurso no mundo e sua dicção por um ser finito determinado, o homem, e, dentre esses, aqueles que conseguem unir de uma forma própria a fé com a razão, sob o predomínio desta última. Não há, então, criação do mundo, mas sua criação contínua em cada etapa do seu desenvolvimento.

Assim, fica claro que, para Hegel, há um ponto de identidade entre Deus e o ser humano na medida em que Deus vem à autoconsciência humana. Além disso, Deus não é uma entidade metafísica separada, completa em si, mas pertence ao mundo não como uma dimensão, mas como o próprio fundamento do qual e para o qual todas as coisas existem. Dessa forma, Deus é inteiramente imanente na história. Conforme Tillich (2004, p. 141), esse era, justamente, o aspecto do pensamento de Hegel mais atacado pela teologia do avivalismo protestante do século XIX, que desejava uma relação pessoal com Deus.

6.2.1 Romantismo teológico – Friedrich Schleiermacher (1768-1834)

Chamado de *Pai da teologia liberal protestante*, Friedrich Schleiermacher nasceu na Polônia (1768-1834). De tradição calvinista, estudou e trabalhou em círculos pietistas, foi ordenado ao ministério cristão, mas, nos estudos, dedicou-se à filosofia, principalmente, à de Kant, e tornou-se um dos importantes representantes do romantismo.

O romantismo foi o movimento que predominou nas artes, mas que não ficou restrito a elas. O movimento valorizava a emoção, a subjetividade e a intuição, aspectos que foram negados pelo racionalismo. Como defensor da liberdade, valorizou o individualismo e a criação livre, a fuga da realidade concreta em prol de seus aspectos subjetivos e também o nacionalismo.

A teologia de Schleiermacher foi fruto desse esforço de corresponder ao romantismo. Para ele, Kant tinha razão ao afirmar que não se pode conhecer a Deus por meio da razão, porém a via de conhecimento de Deus não era a moral, conforme dizia Kant, e sim o sentimento e a intuição. Esses lugares, internos do ser humano, são também vias de dependência e relação com Deus, que é suprapessoal e transcendente. Esse, para ele, era o verdadeiro cristianismo.

A teologia de Schleiermacher procurou responder aos desafios intelectuais e culturais de sua época, ao mesmo tempo em que reivindicava continuidade com mais tradição da Igreja. Para conseguir isso, Schleiermacher convidou seus interlocutores a procurar a fonte da verdade religiosa, a essência da autoconsciência religiosa. No processo, ele construiu uma abordagem bem-estruturada do discurso religioso e considerou a verdade no âmbito da interioridade humana. Foi contrário ao dogmatismo rígido de seus dias, que, de acordo com sua percepção, apenas servia para distanciar as pessoas da fé cristã (Berger, 2017, p. 154-164).

Schleiermacher renunciou aos precedentes teológicos estabelecidos por seus antepassados e negou qualquer noção de que a revelação envolve um corpo de proposições doutrinárias. Para ele, as Escrituras não medeiam a autorrevelação de Deus para os seres humanos. Em vez disso, Deus se comunica, diretamente, com a autoconsciência dos seres humanos, por meio de impressões, não de sentenças inteligíveis, ou proposições. Como resultado, Schleiermacher via todo ser humano como um receptor positivo da revelação divina. Ao interiorizar a doutrina cristã dentro da experiência humana, Schleiermacher sacrificou a transcendência de Deus e o fundamento da metafísica bíblica.

Sua cristologia também é controversa. Cristo é o *urbild* (termo alemão), o homem perfeito, ou ideal, que mostra à humanidade o caminho para Deus pela confiança no sentimento de dependência absoluta. Schleiermacher nega a divindade plena de Jesus e declara, com vigor, a sua humanidade.

Para o teólogo polonês, o pecado é a dificuldade de dependência de Deus e a ausência de relação com ele. A salvação é realizada por Jesus Cristo, não por sua morte sacrificial, mas por sua obediência a Deus, que é transmitida ao crente por meio de sua união mística e interna com ele, ou seja, em Cristo, o fiel é tornado obediente a

Deus. Dessa maneira, encontra a salvação. A Igreja, de acordo com ele, é a comunidade dependente de Deus.

Schleiermacher depreciou não apenas o método da teologia tradicional, assim como o seu conteúdo. Ele sentiu como se não pudesse retornar à velha metafísica protestante de Calvino, que começou com o Deus transcendente que se faz conhecido por meio de uma revelação externamente dada, racional e objetiva. Coerente com sua época, marcada pelo romantismo e pelo racionalismo, Schleiermacher procurou atualizar a teologia cristã e a fez por meio da subjetividade humana, do "senso de dependência". Assim, procurou "tocar" a mentalidade do homem e da mulher modernos de seus dias, porém, ao fazê-lo, comprometeu a substância evangélica da teologia cristã, rejeitou a revelação de Deus e reformulou radicalmente a própria noção de divindade e da pessoa e obra de Cristo.

6.2.2 Em busca do Jesus histórico

A grande questão para a cristologia permaneceu a mesma ao longo da história: Quem é Jesus? Os próprios Evangelhos revelam que essa questão esteve presente na vida dos sujeitos que estiveram com ele. Jesus Cristo foi um homem inspirado, um professor notável, atualizando o judaísmo e a vontade de Deus para a humanidade? Ou ele foi mais do que isso? Mais que um profeta ou mestre, mas, sim, o próprio Deus?

Para os cristãos, Jesus era divino e seus escritos canônicos do Novo Testamento apontam para isso de forma inequívoca. O Evangelho de João começa com a alegação cristã clássica – "o Verbo se fez carne e habitou entre nós" – que Deus enviou seu único Filho ao mundo.

Os cristãos estavam convencidos de que esse Jesus era o Filho divino e, por isso, foram atraídos para uma teologia trinitária. A cristologia ajuda a definir Deus e vice-versa. Essa visão dinâmica de Deus se encaixa com o tipo de Deus "interativo" que é mencionado no Antigo Testamento, que cria a humanidade à sua própria imagem e que pode se relacionar com o ser humano.

De acordo com a fé cristã, Jesus é aquele que introduz o reino de Deus na história, cumprindo muitas profecias e expectativas apocalípticas do Antigo Testamento. Assim, o verdadeiro pano de fundo para se compreender a pessoa e a obra de Jesus é o Antigo Testamento, algo que, certamente, o Novo Testamento toma como lido e que os primeiros teólogos da Igreja, como Irineu e Tertuliano, afirmaram contra os gnósticos.

Como já vimos anteriormente, os concílios de Niceia, em 325, e da Calcedônia, em 451, produziram definições históricas da pessoa de Jesus Cristo, de maneira a confirmar uma compreensão basicamente joanina de Jesus, o Verbo divino que se fez carne, totalmente divino e plenamente humano. Sua pessoa é a do *logos*, ou o Filho, do mesmo ser que o Pai e o Espírito. Essa pessoa divina assumiu uma natureza humana completa (Calcedônia), de tal forma que os dois concílios mantiveram a plena divindade e a plena humanidade de Cristo. Esse entendimento teológico se tornou o modo clássico pelo qual as igrejas compreendiam Jesus.

A insistência de que a pessoa de Cristo é a Palavra divina assegurou a doutrina da salvação, uma vez que Jesus conduz a humanidade pecadora ao próprio ser de Deus, expiando os seus pecados e reconciliando-a com Deus Pai. Essa é uma cristologia trinitária; a teologia bíblica cristã central é, aqui, sustentada: a divindade completa da Palavra divina ou Filho, a plena humanidade de Jesus, como nós em todos os sentidos, mas sem pecado. A doutrina do nascimento virginal foi confirmada, seguindo os relatos do Evangelho e registra o mistério e a iniciativa divina da encarnação e, particularmente, o papel do Espírito Santo ao longo da vida de Jesus.

Como vimos anteriormente, a doutrina trinitária de Deus provou ser absolutamente essencial para a cristologia. Os deístas, ao longo dos séculos, rejeitaram a identidade divina de Jesus, preferindo vê-lo como uma espécie de auxílio visual humano para Deus, um homem que foi adotado por Deus ou eleito de antemão. Sempre houve essa corrente de opinião de que Jesus é melhor entendido como um homem bom, e, claro, há também a concepção judaica de que ele foi um rabino carismático que se sentia muito próximo de Deus, como seu Pai. Com o surgimento do Iluminismo europeu, esse tipo de interpretação se internalizou nas escolas teológicas. Em outras palavras, Jesus foi um bom mestre de espiritualidade, inspirado por Deus, mas, de modo algum, Deus encarnado.

A questão aqui permanece: Quem é Jesus?

Como vimos, o Iluminismo, a partir do final do século XVIII, afirmou o poder da razão humana e questionou a acessibilidade, ou a relevância, do sobrenatural. O efeito teológico dessa perspectiva foi a rejeição da reivindicação à verdade revelada nas Escrituras. Ontologicamente, a alegação de que Jesus era o Filho de Deus feito carne foi criticada como irracional; epistemologicamente, a revelação nas Escrituras e na tradição da Igreja passaram a ser consideradas relíquias antiquadas do passado (Hordern, 1974, p. 44-54).

A Revolução Francesa (1789) sintetizou o novo clima de liberdade e de autoconfiança racional postas contra o cristianismo irracional e primitivo. A era do domínio humanista liberal começou. Como já tratamos, Kant rejeitou a metafísica, ou o conhecimento do sobrenatural, já que nossa razão não é capaz de acessar o que está além dos fenômenos mundanos. No entanto, o filósofo alemão argumentou que o nosso senso moral universal é um dado inegável, que precisa postular Deus, além de liberdade e imortalidade para tornar o dever moral razoável. Assim, Kant pressionou as reivindicações do poder legislativo da razão humana. A pessoa de Jesus Cristo tornou-se o mestre moral supremo, estereótipo que afetou profundamente a teologia acadêmica (Olson, 2001, p. 555-556).

Friedrich Schleiermacher apontou para o nosso sentimento de dependência absoluta, a verdadeira consciência de Deus. Com base nesse pressuposto, Jesus foi reinterpretado como o homem supremamente consciente de Deus, consciência esta que se espalha para seus seguidores, reconciliando-os, assim, a Deus. Dessa forma, a cristologia volta-se para o sujeito humano em sua experiência religiosa e para longe das verdades reveladas das Escrituras, exceto na medida em que elas concordam com os sentimentos religiosos (Olson, 2001, p. 557-561).

Por meio de Schleiermacher, a crítica bíblica começou a criar raízes na teologia acadêmica. A guinada para o humano continuou usando outros aspectos além do senso religioso. Ritschl, teólogo kantiano, usou a moralidade para retratar Jesus como o homem moralmente perfeito, que espalha o reino de Deus por meio de boas obras de educação e de cuidado com os doentes do mundo. Portanto, a tradicional visão de Niceia de que a pessoa de Cristo é, ontologicamente, divina é rejeitada como superstição metafísica em favor de "Jesus, o homem", cujo ser constitui a ação divina no mundo (Olson, 2001, p. 563-564).

Essa abordagem cristológica é, atualmente, conhecida como *cristologia funcional* – assim, Jesus funciona como Deus para nós, revelando o mais alto grau de perfeição moral. A escola protestante liberal culminou, no final do século XIX, com o trabalho de Adolf von Harnack e sua magna obra *O que é cristianismo?* Escrito muito nos moldes ritschlianos, afirma a "paternidade de Deus e a fraternidade do homem" (Olson, 2001, p. 566). Jesus é descrito como mestre da justiça, e a teologia trinitária é rejeitada, com firmeza, como sendo mera fábula fantástica projetada em Deus.

Harnack também argumentou que os elementos sobrenaturais no Novo Testamento eram mito primitivo, platonização grega, exigindo ser eliminada para revelar o Jesus da história, isto é, o simples mestre da justiça (Olson, 2001, p. 566-568).

No século XIX, surgiram outras abordagens acadêmicas da cristologia que estão, novamente, se tornando influentes, mas que se esgotaram um pouco no início do século XX. Hegel, o grande filósofo idealista alemão, considerava a teologia cristã como verdadeira, na medida em que era representação de sua própria metafísica, acessível àqueles incapazes de empreender a jornada filosófica. Hegel discordou, fundamentalmente, da afirmação de Kant de que o numênico, ou metafísico, é incognoscível e totalmente divorciado do mundo fenomenal.

Esse dualismo deve ser rejeitado, assim como aqueles entre mente e matéria, revelação e história, razão e fé, finito e infinitos. O Espírito – *geist*, em alemão – deve fundar e informar tudo e, de fato, o mundo é a forma histórica finita do infinito. A doutrina da Trindade é uma forma simples desse ponto de vista: o Espírito surge em forma finita para criar o mundo; o Filho é, portanto, um modo simbólico de ensinar essa emanação (uma versão panteísta da doutrina da criação). A cristologia é uma maneira simbólica de dizer que o infinito é coerente com o finito, o universal com o particular, em Jesus (Olson, 2001, p. 556-557). A cruz de Cristo é o momento de o Espírito divino absorver a dor da negatividade da existência, a dinâmica anti-Deus encontrada na história e no pecado.

Hegel, portanto, forneceu uma cristologia simbólica, em que o significado do universo é representado por esses dogmas teológicos. Esse tipo de teologia ontológica voltou na segunda metade do século XX, por meio do trabalho de teólogos como Paul Tillich,

Karl Rahner e Wolfhart Pannenberg, bem como pela teologia do processo. Contudo, cabe ressaltar que, nos dias de Hegel, encontrou forte oposição por parte de alguns teólogos, entre eles, Kierkegaard.

6.3 Reações conservadoras: fundamentalismo e dispensacionalismo

Diante da interface do protestantismo com a modernidade e a consequente expansão das ciências humanas, que, de alguma forma, "tocavam" nos dogmas e nas doutrinas cristãs, muitas vezes, questionando-os, surgiram teólogos e Igrejas dispostas a dialogar, seriamente, com essas mudanças culturais e conceituais. Contudo, para alguns teólogos e Igrejas, esse esforço de diálogo e atualização da fé foi longe demais, resultando no que se convencionou denominar **liberalismo teológico**. Diante dessa realidade, surgiram, no começo do século XX, nos Estados Unidos, algumas reações conservadoras, como o fundamentalismo e o dispensacionalismo.

O fundamentalismo é um fenômeno protestante e seu nome genérico refere-se, inicialmente, a uma ampla coalizão de conservadores de grandes denominações e reavivalistas (incluindo, dispensacionalistas e pré-milenistas), que são, militantemente, contrários ao modernismo nas Igrejas e certos costumes culturais modernos. Grupos avivados relacionados com as Igrejas pentecostais ou ao movimento de santidade, também são, frequentemente, chamados de *fundamentalistas*. "Histórica e teologicamente, é errado chamar de fundamentalismo qualquer coisa antes da ascensão da teologia protestante liberal. Esse movimento é a reação do século XX, ao chamado liberalismo" (Olson, 2001, p. 571).

Durante o início de 1900, os fundamentalistas eram uma ampla coalizão de evangélicos conservadores que defendiam os "fundamentos" da ortodoxia cristã contra os liberais, mas tudo isso mudou em meados desse mesmo século. Os fundamentalistas eram aqueles conservadores que se haviam separado de suas denominações e formado suas próprias Igrejas e instituições, enquanto outros conservadores optaram por permanecer dentro de suas denominações, portanto, não eram fundamentalistas em si (Hordern, 1974, p. 66-67).

Hordern (1974, p. 68) observa que os termos *fundamentalista* e *conservador* não são fáceis de se definir. No entanto, é possível afirmar que o interesse principal de ambos se revela no que diz respeito à **defesa do cristianismo ortodoxo**.

O fundamentalismo evangélico atual encontra suas raízes, principalmente, no movimento evangélico dos anos 1950, particularmente do ramo conservador, que produziu alguns dos pensadores mais intelectuais nos círculos teológicos conservadores, como James I. Packer, Carl F. Henry, e Edward J. Carnell, incluindo o evangelista mais famoso do século XX, Billy Graham.

Não obstante a reconhecida piedade e o zelo do fundamentalismo evangélico, ele apresenta pelo menos dois perigos ou desvios:

1. **Separatismo**: Alguns fundamentalistas evangélicos separam-se de outros cristãos que não concordam com suas visões doutrinárias. O motivo da divisão pode ser em torno da inerrância e da inspiração bíblica e até sobre questões escatológicas. Assim, mesmo que dois cristãos acreditem nos pontos essenciais da fé (por exemplo, a Trindade e a divindade de Cristo), o fundamentalista evangélico renunciará a comunhão cristã a um crente que não concorda com sua opinião sobre certos dogmas não essenciais, ou secundários.

2. **Dogmatismo rígido**: Os fundamentalistas enfatizam e priorizam a importância da doutrina sobre a lei do amor revelada por Cristo. Alguns não hesitam em rotular qualquer cristão que discorde de sua lista de "fundamentos" como um apóstata.

Em meados do século XIX, no auge dos grandes reavivamentos, os protestantes americanos estavam antecipando um milênio cristão. Contudo, internamente, havia sérios problemas para os protestantes que acreditavam que a América era uma "nação cristã". O liberalismo era uma força crescente dentro da Igreja. Alguns estudiosos liberais estavam aceitando o darwinismo e o criticismo bíblico alemão, que questionavam a historicidade de muitos relatos bíblicos. Nesse tempo, ocorreu a secularização das universidades, com a qual as áreas do saber acadêmico, por exemplo, economia, sociologia, psicologia etc., se separaram da religião e de qualquer influência da Bíblia.

A partir desse contexto, um fator importante no desenvolvimento do fundamentalismo foi um tipo de teologia conhecida como *teologia de Princeton*. Os teólogos de Princeton, como Charles Hodge, aceitaram o sentido claro, ou "senso comum", dos textos bíblicos. A crítica histórica, que foi além do sentido textual simples da Bíblia e que influenciou outros seminários no final do século XIX, não afetou Princeton em seu conservadorismo. Seus professores apresentaram uma defesa firme do que consideravam o sentido claro das Escrituras e o que eles acreditavam ser uma apresentação exata da teologia calvinista (Olson, 2001, p. 572-575).

Dos professores de Princeton, o maior foi Charles Hodge (1797--1878). que escreveu, em três volumes, a sua conhecida *Teologia sistemática*. Assistiu às aulas de Schleiermacher em Berlim e estudou profundamente Hegel, em Tübingen. Esses encontros e pesquisas convenceram-no da inadequação da nova abordagem liberal da teologia protestante (Olson, 2001, p. 572-573).

Hodge apresentou um sistema coerente de teologia reformada conservadora, com base na ideia da Bíblia infalível e verbalmente inspirada, que tratou como um conjunto de proposições divinamente inspiradas. Seu método consistia em coletar e organizar os dados da revelação divina nas Escrituras, assim como a ciência moderna colhe e organiza os dados da natureza. Segundo Olson, as ideias de Hodge sobre a teologia e a doutrina das Escrituras o tornam um precursor do fundamentalismo do século XX. Em seus dias, combateu a teologia de Schleiermacher por ser excessivamente subjetiva (Olson, 2001, p. 574-575).

No âmbito evangélico mais popular, Dwight Lyman Moody fazia sucesso como evangelista e, por meio de suas "campanhas evangelísticas", encaminhou um número expressivo de convertidos para as igrejas. O legado do famoso pregador impulsionou o crescimento da Escola Dominical e as organizações de serviço cristãs.

Na esfera política, surgiram propostas progressistas feitas pelos cristãos para ajudar a reformar a sociedade. Estes passaram a ser conhecidos como o *evangelho social*. Os defensores do evangelho social não se opunham, necessariamente, ao estilo tradicional de evangelismo, mas apontavam um possível efeito colateral, isto é, a ênfase no individualismo (levando a pessoa ao céu, em vez do bem-estar coletivo). Por exemplo, Walter Rauschenbusch (1861-1918), pastor batista, considerado o "pai" do evangelho social, insistia em ver a natureza social do pecado e as realidades sociais pecaminosas como sendo as "forças suprapessoais do mal" (Hordern, 1974, p. 93-95). Segundo Hordern (1974, p. 94):

> *Os advogados do evangelho social insistiam em salientar que não é suficiente pregar-se um evangelho que não passa de um seguro contra o fogo do inferno. Não é nenhuma vantagem ficar-se a salvar os indivíduos um a um, quando se verifica que um sistema social corrupto está perdê-los aos milhares.*

Não demorou para que os esforços de Rauschenbusch fossem considerados progressistas e liberais, por enfatizar a transformação deste mundo, e não apenas a transformação de almas individuais para "morar" no céu. Além disso, segundo Hordern (1974, p. 94): "Os que pregavam o evangelho social tornaram-se convictos de que por "Reino de Deus" Jesus não tinha significado alguma espécie de vida depois da presente existência, nem a probabilidade do estabelecimento de uma sociedade sobre a terra por efeito de intervenções sobrenaturais de Deus".

No mesmo período histórico do evangelho social, também já se via uma contraposição conservadora/fundamentalista, com ênfase no futuro do "Reino de Deus" em detrimento das transformações sociais do presente. Em outras palavras, era o dispensacionalismo pré-milenista, com sua visão destrutiva do "fim dos tempos".

John Nelson Darby (1800-1882), anglicano irlandês, criou uma versão sistemática e precisa do horizonte escatológico chamada *dispensacionalismo*, que afirmava que a história inteira estava dividida em sete dispensações, a saber:

....

1. Dispensação da inocência (Éden).
2. Dispensação da consciência (da queda até o dilúvio).
3. Dispensação do governo humano (do dilúvio até o chamado de Abraão).
4. Dispensação da promessa.
5. Dispensação da Lei.
6. Dispensação da graça.
7. Dispensação milenial.

....

A teologia escatológica dispensacionalista defende o pré-milenismo e, geralmente, aceita um arrebatamento pré-tribulação. Os fundamentalistas dispensacionalistas defendem que Deus possui dois povos na Terra, ou seja, a nação de Israel e a Igreja, e que Deus ainda tem de cumprir promessas a Israel enquanto nação. (Erickson, 2015, p. 1110)

Por conseguinte, se houvesse paz e justiça apenas durante a sétima dispensação (os mil anos de Apocalipse 20), que necessidade haveria para tentar transformar a sociedade no tempo presente? De acordo com o dispensacionalismo, a história foi moldada pela luta cósmica entre Deus e Satanás e, somente durante o milênio, Satanás estará completamente preso e incapaz de exercer qualquer influência na sociedade (Ap 20:1-3). Por enquanto, a sociedade deve seguir de mal a pior.

Certamente que o surto e o resultado da Guerra Civil Americana contribuíram para esse pessimismo escatológico. Esses evangélicos eram entusiasmados com o trabalho missionário, apenas porque esse era considerado um dos sinais de que a Igreja logo seria "arrebatada" da face da Terra.

Essa compreensão escatológica marcou o imaginário evangélico norte-americano – principalmente do pentecostalismo – durante todo o século XX. Essas ideias também chegaram ao contexto religioso brasileiro, principalmente por meio dos missionários pentecostais americanos, que atuaram nos primórdios das Assembleias de Deus no Brasil.

Tendo apresentado uma perspectiva geral da reação conservadora à modernidade, finalmente podemos dizer que o fundamentalismo tem futuro. Explicamos: enquanto o liberalismo teológico apresenta um déficit escatológico, o fundamentalismo tem uma forte dimensão escatológica, que, como escreveu Schlegel (2009, p. 127), permite interpretar a crise do mundo, a infelicidade da existência, a presença do mal e alimentar a esperança de escapar disso tudo.

6.3.1 A publicação de *The Fundamentals* e seus desdobramentos

O fundamentalismo protestante norte-americano ganhou forma com a publicação de uma série de 12 folhetos, intitulados *The Fundamentals*. Esses textos foram publicados entre 1909 e 1915 e patrocinados por dois executivos do ramo petrolífero norte-americano, Lyman e Milton Stwart. O objetivo era conter o avanço da chamada *teologia liberal* nas igrejas dos Estados Unidos. Foram impressos cerca de três milhões de exemplares, distribuídos de forma gratuita para pastores, professores e estudantes de teologia. Os autores dos textos procuravam reafirmar aquilo que chamavam de *doutrinas básicas do cristianismo*, como: a infabilidade das Escrituras, o nascimento virginal de Cristo, sua divindade, seus milagres e sua ressurreição.

Em 1917, foi criada a Associação Cristã Mundial dos Fundamentos, fundada pelo principal ministro fundamentalista, W. B. Riley (1861-1947). Essa associação realizava testes para saber se os cristãos não tinham sido "maculados" pelo liberalismo.

> *Em agosto de 1917, William Bell Riley reuniu-se com A.C. Dixon (1854-1925), um dos editores de The Fundamentals, e com Reuben Torrey (1856-1928), incentivador da fé, e decidiu fundar uma associação para promover a interpretação literal das Escrituras e as doutrinas científicas do pré-milenarismo. Em 1919, realizou, em Filadélfia, um congresso do qual participaram 6 mil cristãos conservadores de todas as denominações*

protestantes, e criou formalmente a World's Christian Fundamentals Association(WCFA). Em seguida, acompanhou 14 oradores e um grupo de cantores gospel numa turnê muito bem organizada por 18 cidades americanas. Os liberais não estavam preparados para essa investida e a reação dos oradores fundamentalistas foi tão entusiástica que Riley acreditou ter iniciado uma nova Reforma. (Armstrong, 2001, p. 202)

Durante o período da Primeira Guerra Mundial, os protestantes conservadores encontraram, nesse conflito, uma oportunidade de fundamentar, na Bíblia, suas convicções a respeito da crença pré-milenarista. De acordo com os fundamentalistas, toda aquela matança generalizada era um sinal de que o fim estava próximo. Entre 1914 e 1918, foram realizadas três conferências sobre profecia e Bíblia, as quais eram um espaço de discussões a respeito do conteúdo do livro de Apocalipse e sua relação com a Grande Guerra, como era chamado o conflito na época. Quando o governo britânico expediu a Declaração Balfour, em 1917, em que apoiava a criação do Estado de Israel, os fundamentalistas viram nisso um prelúdio do fim. A Bíblia de Scofield afirmava que o "poder que vem do Norte", para atacar Israel antes do Armagedon, conforme registrado no texto bíblico, dizia respeito à Rússia.

A criação da Liga das Nações obviamente representava o cumprimento da profecia de Apocalipse 16.14: era o Império Romano revivido que em breve seria governado pelo Anticristo. Observando tais acontecimentos, os protestantes pre-milenaristas adquiriam maior consciência política. O que no final do século XIX fora uma disputa puramente doutrinária com os liberais de suas congregações, torna-se agora uma luta pelo futuro da civilização. Eles se imaginavam na linha de frente, combatendo as forças satânicas que logo destruiriam o mundo. Os relatos das atrocidades cometidas pelos alemães, que circulavam durante e imediatamente após a guerra, pareciam provar aos conservadores que estavam certos ao rejeitar o país onde surgira a crítica superior. (Armstrong, 2001, p. 200)

Acredita-se que um jornalista batista foi o primeiro a chamar os protestantes conservadores de *fundamentalistas*, em 1920. O termo *conservador* era considerado, pelos líderes do movimento, fraco demais para definir os cristãos envolvidos no empreendimento de defender os fundamentos do cristianismo. Todavia, não demorou muito para que os liberais dessem uma conotação negativa ao termo *fundamentalismo*. A maioria dos protestantes fundamentalistas eram batistas e presbiterianos, logo, as maiores discussões se deram nessas igrejas. Posteriormente, metodistas, episcopais, entre outros, posicionaram-se a favor das doutrinas fundamentais.

Apesar de os fundamentalistas criticarem o uso excessivo da razão por parte dos liberais, eles mesmos usavam também de categorias científicas para corroborarem sua fé. Recorriam constantemente à arqueologia, à história, à biologia, a fim de provar que a Bíblia era um livro sem erros. Os fundamentalistas estavam preocupados com uma interpretação mais literal do texto bíblico, bem como em preservar seus credos e suas confissões.

A década de 1920 foi o apogeu do fundamentalismo, momento em que o teólogo Gresham Machen (1881-1937) era muito lido. Professor em Princeton, travou batalhas teológicas contra o liberalismo, por isso, em muitas ocasiões, era considerado obscurantista e demente. No seu livro *Cristianismo e liberalismo*, afirmava que a teologia protestante liberal representava uma religião diferente do cristianismo.

Em 1920, o político e democrata presbiteriano William Jennings Bryan realizou uma campanha contra o ensino da teoria da evolução em escolas e faculdades. De acordo com ele, as atrocidades cometidas pelos alemães durante a Primeira Guerra estavam diretamente relacionadas com o darwinismo. Bryan afirmava que, em entrevista, oficiais do império alemão haviam afirmado terem sido influenciados pelas ideias de Darwin. Além disso, o darwinismo estaria levando os jovens americanos a desacreditarem em Deus e na Bíblia. Em 1925, o professor de biologia John Scopes foi julgado e condenado por ter ensinado a evolução biológica em uma escola do Tennessee (Armstrong, 2001).

De acordo com Armstrong (2001), em 1930, já funcionavam, nos Estados Unidos, cerca de 50 faculdades fundamentalistas. Na década de 1950, o movimenta fundamentalista ganhou mais força com a entrada de pregadores conservadores nos meios de comunicação, como foi o caso de Oral Roberts, Rex Humbard e Billy Graham (Armstrong, 2001). A partir da década de 1960, com a revolução sexual e a luta pelos direitos civis dos negros e das mulheres, vários fundamentalistas, como era de se esperar, rejeitaram essas propostas de sociedade. Iniciativas propondo a legalização da maconha, por exemplo, eram vistas como satânicas. Nesse período, vários membros de igrejas tradicionais passaram a frequentar as igrejas fundamentalistas (Armstrong, 2001).

Para os protestantes, algo de muito ruim estaria acontecendo com a sociedade americana, portanto, algo precisava ser feito. Prova disso é que, durante a década de 1970, o número de crianças matriculadas em escolas fundamentalistas aumentou em 600% e cerca de 100 mil crianças fundamentalistas estudavam em casa (Armstrong, 2001). Contudo, no fim da década de 1970, os fundamentalistas protestantes reconheceram que não deveriam se afastar dos destinos da sociedade, como vinham fazendo há 50 anos, mas deviam se engajar na luta por outro tipo de sociedade. Com efeito, em 1979, eles criaram a Maioria Moral – uma instituição com foco na política (Armstrong, 2001).

Os membros da Maioria Moral estavam convencidos de que os americanos deviam ter uma sociedade religiosa e uma política determinada pela Bíblia. Eles ficaram conhecidos como a *nova direita cristã*. Eram contra o aborto, o direito dos gays e contra as drogas. O feminismo era considerado uma doença e a causa de muitos males do mundo, inclusive, uma das principais causas da impotência sexual masculina (Armstrong, 2001). O livro de Tim e Beverley LaHaye, *The Act of Marriage: the Beauty of Sexual Love* (1976), que, no Brasil, foi publicado com o título *O ato conjugal*, foi um sucesso de vendas.

A homossexualidade também foi duramente atacada, por ser considerada antinatural, e a sociedade americana, de acordo com os fundamentalistas, "precisava de homens de verdade"(Armstrong, 2001).

Todo discurso equivocado sobre a defesa da nação, a religião na escola, o aborto ou os direitos dos gays era visto como uma afronta aos Estados Unidos e a Deus. Foram vários os movimentos no sentido de "reintroduzir" Deus nas escolas e eliminar os currículos que sugerissem que a Bíblia era um livro mitológico. Para os fundamentalistas, era preciso conter o avanço do secularismo, uma espécie de mal que estava destruindo a sociedade americana.

6.4 Teologia neo-ortodoxa: Karl Barth

A expressão *neo-ortodoxia* está relacionada à afinidade entre Karl Barth e o pensamento teológico da ortodoxia reformada. Entretanto, a neo-ortodoxia teve outros expoentes importantes, como Emil Brunner e, segundo alguns, Paul Tillich e Rudolf Bultmann. Em nosso estudo, porém, focaremos em Barth, cuja teologia dialogava com a teologia de vários escritos reformados. Para alguns estudiosos, Barth é equiparado a Lutero no que diz respeito ao pensamento teológico.

O teólogo Karl Barth (1886-1968), um dos principais do século XX, foi responsável por mudanças na teologia protestante na Europa. Considerado um teólogo cristocêntrico, visto que, para ele, Jesus é o centro de toda a existência cristã, ele também é conhecido como o *teólogo da Palavra de Deus*, por sua ênfase na comunicação de Deus com os homens, como veremos adiante. Não há dúvida de que a teologia de Barth foi uma das mais influentes no pensamento cristão no século XX.

Conforme relata Olson (2001, 592-293), a teologia, tanto na Europa como nos Estados Unidos, estava dividida entre liberais e fundamentalistas. Como já vimos, o objetivo da teologia liberal era adequar a fé cristã ao pensamento moderno, o que gerou uma teologia marcada pelo racionalismo. O fundamentalismo teológico gastava seus esforços combatendo o evolucionismo, bem como todos os ensinamentos que, de alguma forma, desacreditassem as doutrinas fundamentais da fé. Nem todos os fundamentalistas eram iguais (Olson, 2001). Havia uma classe entre eles que fazia questão de ensinar que as palavras da Bíblia devem ser interpretadas literalmente; alguns mais extremados, chegavam a dizer que até mesmo a pontuação do texto bíblico era inspirada por Deus. Portanto, de um lado, temos um grupo de teólogos liberais e, de outro, um grupo de teólogos conservadores.

Nesse momento, surgiu a teologia de Barth, também chamada de *neo-ortodoxia*. Barth não era favorável à teologia liberal, nem ao fundamentalismo mais extremado, pois afirmava que o liberalismo dava uma ênfase exagerada à modernidade, enquanto o fundamentalismo a rejeitava. Nesse contexto, ele elaborou uma teologia que intencionava ir além da teologia liberal e do fundamentalismo teológico. Por isso, em muitos momentos, foi mal compreendido: para os teólogos liberais, ele era um fundamentalista e, para os fundamentalistas, não passava de um teólogo liberal disfarçado.

Barth nasceu na cidade de Basileia, na Suíça, e seu pai era professor de teologia num seminário. Aos 17 anos, decidiu que seria teólogo. O jovem estudou teologia com um dos principais teólogos liberais de sua época, Adolf Harnack (Olson, 2001, p. 593). Concluídos os estudos, Barth foi convidado para ser assistente numa igreja reformada em Genebra. Em 1911, tornou-se pastor numa pequena cidade na fronteira entre a Suíça e a Alemanha, chamada Safenwil, onde permaneceu cerca de 10 anos (Mondin, 2003, p. 37). Essa experiência pastoral foi de suma importância para seu desenvolvimento teológico, visto que ele percebeu que a educação teológica liberal que havia recebido tinha pouca relação com a prática eclesiástica. Ao pregar suas mensagens, ele concluiu que o povo almejava ouvir o anúncio da Palavra de Deus, não apenas conteúdos históricos a respeito da fé cristã (Mondin, 2003, p. 37). Barth foi percebendo que a mensagem precisava ser contextualizada, ou seja, estar relacionada com os problemas de seu tempo.

> *Por isso, o teólogo de Basiléia não se contentou em meditar sobre o Evangelho para descobrir os mistérios profundos da vida divina e o tecido secreto que os mantém unidos, mas sempre procurou confrontá-los com a situação presente, para iluminá-la com a luz divina. Barth comportou-se diante dos grandes acontecimentos históricos de sua época como os antigos profetas de Israel: por um lado, perscruta os desígnios neles ocultos por Deus e, por outro lado, avalia sua conformidade o não com Suas intenções.* (Mondin, 2003, p. 40-41)

Conforme relata Mondin (2003, p. 37-38), partir daí, Barth dedicou seu tempo à leitura das Escrituras, e o fez ainda de forma mais intensa durante o período da Primeira Guerra Mundial. Esse momento de horror que a humanidade atravessou levou Barth a fazer profundas reflexões sobre as Escrituras e a condição humana. Entre os textos bíblicos, ele tinha muito apreço pela Epístola aos Romanos, razão por que muitos comparam Barth ao reformador Martinho Lutero. Ao ler Romanos, Barth voltou a pensar sobre o conceito de justificação e, como Lutero, concluiu que a justificação ocorre mediante a fé, não por meio de conceitos puramente racionais (Mondin, 2003, p. 38).

Em 1919, relata Mondin (2003, p. 37), publicou uma importante obra, *Der Romerbrief,* (em português, *Carta aos Romanos*), na qual combateu o racionalismo e o liberalismo, que haviam influenciado a teologia protestante desde o século XIX. Barth faz uma separação entre religião natural e revelação, entre filosofia e Bíblia. Podemos dizer que religião natural e teologia natural são visões semelhantes: ambas afirmam ser possível conhecer a Deus de maneira natural, pois o conhecimento a respeito de Deus pode ser adquirido pela razão humana, sem a necessidade de uma revelação especial (Mondin, 2003, p. 37-39). Barth, entretanto, se opôs a esse pensamento.

Com o final da guerra, ele foi convidado para lecionar na Alemanha, na Universidade de Bonn, onde iniciou, em 1927, a importante obra *A dogmática eclesiástica.* Nela, Barth queria construir uma teologia livre dos excessos do racionalismo, afirmando que o conhecimento humano a respeito de Deus ocorre mediante o conhecimento (Mondin, 2003, p. 39). de Jesus Cristo, o qual é Palavra de Deus e sua revelação máxima

A intenção de Barth era compor uma teologia sistemática completamente livre de qualquer influência filosófica predominante, baseada exclusivamente na exegese da Palavra de Deus em Jesus Cristo, segundo o testemunho das Escrituras. Diferentemente da maioria dos sistemas de

teologia, liberais ou conservadores, a Dogmática Eclesiástica *não tem prolegômenos, isto é, a seção introdutória sobre a teologia natural ou evidências racionais para a crença em Deus e nas Sagradas Escrituras. Pelo contrário, Barth lançou-se diretamente à exposição da Palavra de Deus em Jesus Cristo, na igreja e nas Escrituras, ou seja, da revelação especial*. (Olson, 2001, p. 593)

Com base nessa concepção de que a pessoa de Jesus é a expressão máxima da Palavra de Deus, Barth construiu sua teologia. Para ele, a ideia liberal de que era possível conhecer a Deus pela teologia natural, ou seja, com uso da razão filosófica, foi rejeitada. A teologia elaborada por Barth também ficou conhecido como a *teologia da Palavra de Deus*, como já mencionamos.

Para Olson (2001, p. 595), Barth queria seguir caminhos diferentes da teologia liberal e do fundamentalismo teológico. Um dos assuntos debatidos na teologia cristã era *onde* e *para quem* Deus se revela. Para os teólogos liberais, o homem não depende de uma revelação especial de Deus para conhecê-lo, pois podemos ter conhecimento divino por meio da criação e da história universal. Já os fundamentalistas acreditavam na revelação especial de Deus mediante as Escrituras. A revelação de Deus se encontra na Bíblia (Olson, 2001, p. 595).

Para Karl Barth, a revelação de Deus acontece mediante a pessoa de Jesus Cristo; é nesse sentido que a teologia de Barth é cristocêntrica, visto que, para ele, a cristologia deve ocupar todo o espaço da teologia. Jesus Cristo é o ponto de partida para entendermos toda a revelação e a própria Palavra de Deus encarnada (Olson, 2001, p. 596). Com efeito, foi o modo de Deus se tornar conhecido aos homens. Jesus é a expressão máxima de Deus na Terra. Não se pode falar de *cristianismo* se Cristo não for o centro dele, afirmava Barth

(Olson, 2001). Por isso, para qualquer ramo do estudo teológico ser entendido, a cristologia precisa ser levada em conta.

Barth considerava erradas as tentativas da teologia liberal de tentar conhecer a Deus mediante o racionalismo, sem levar em consideração que Deus é o totalmente outro, ou seja, está muito além daquilo que podemos pensar a seu respeito. A revelação não pode ser descoberta pelo esforço mental (Olson, 2001).

Como já dissemos, Barth não concordava com a teologia natural, mas, com uma revelação que acontece mediante o conhecimento de Jesus Cristo. Karl Barth reconhecia o valor da filosofia no estudo, entretanto, filosofia e teologia deviam caminhar separadamente, pois, segundo ele, a filosofia estuda elementos naturais e a teologia estuda elementos sobrenaturais.

Deus é o maior de todos os mistérios e, por isso, não pode ser definido pela mente humana. Todo o esforço mental do homem é incapaz de conhecer a Deus plenamente. O pensamento humano não pode ter uma concepção coerente a respeito de Deus, mas tão somente crer que Ele é soberano sobre todas as coisas. Tanto a teologia liberal como o fundamentalismo teológico tentavam buscar, no racionalismo, uma maneira de encontrar coerência em Deus, no entanto existem questões relativas a Deus que, racionalmente, são incompreensíveis. O problema do mal, por exemplo, como Deus, sendo bom, permite a maldade no mundo? Tentar buscar respostas puramente racionais para esse questionamento é entrar num "beco sem saída". Barth dizia que esses paradoxos fazem parte dos mistérios de Deus (Olson, 2001, p. 599-600).

Para Barth, de acordo com Olson (2001), a teologia é apenas uma tentativa de refletir a respeito das obras do criador, tendo em vista que Deus está além da compreensão humana; essa ideia é contrária à teologia liberal, que afirmava que razão poderia conhecer a Deus, que se revela no universo. Mas a razão humana teria condições de adentrar nos mistérios de Deus? Para ele, isso é impossível. Jesus seria uma espécie de chave hermenêutica, que traz luz e compreensão às coisas de Deus.

De acordo com Barth, principalmente no início de seu pensamento teológico, há uma distância entre o homem e Deus, de modo que a iniciativa humana é incapaz de transpor esse abismo. Com efeito, Deus, em sua soberania, decidiu se tornar conhecido ao homem. Ao mesmo tempo em que Deus é transcendente, ou seja, está muito além da realidade humana, ele também é imanente, de modo que está presente na história humanidade. Nas palavras do próprio Barth, Deus não é solitário:

> *O Deus do evangelho não é nenhum Deus solitário, que bastasse a si mesmo e que fosse recluso em si mesmo: não é nenhum Deus absoluto, isto é, não é um Deus desvinculado de tudo que não seja Ele mesmo. [...] O Deus do evangelho se compadece. Como em si mesmo é o Uno, na unidade de sua vida como Pai, Filho e Espírito Santo – assim, em relação a realidade – dele distinta – Ele é livre, de jure e de facto, de ser Deus – não ao lado do homem, mas igualmente não só acima do homem, mas sim, junto a ele, e, antes de tudo, a favor dele: não só como seu senhor, mas também como seu pai, seu irmão, seu amigo, seu Deus, isto é, o Deus do homem; e isto não em detrimento ou em abandono do seu ser divino, mas antes em confirmação do mesmo. Portanto, o Deus do evangelho é o Deus que se relaciona com o homem, que tem uma palavra amiga, por ser palavra de graça. [...] Teologia evangélica, através do seu labor, responde ao gracioso sim de Deus, a sua autorrevelação benigna e amiga ao homem. [A teologia evangélica] lida com o Deus do homem, mais precisamente lida com o homem, como sendo o homem de Deus.* (Barth, 2004, p. 1910)

Em Jesus, Deus estabelecera esse relacionamento com a humanidade, embora Ele não tivesse a obrigação de fazer isso, por sua própria vontade, decidiu fazê-lo. O primeiro passo na redenção humana foi dado por Deus e, é nesse sentido, que o pensamento de Barth é muito semelhante ao dos reformadores (Olson, 2001).

Como já dissemos, Jesus é a Palavra de Deus, pela qual Deus se comunicou com a humanidade, portanto a Bíblia é uma das manifestações da Palavra de Deus. Com efeito, de acordo com a neo-ortodoxia de Karl Barth, a Bíblia **torna-se** a Palavra de Deus. Isso acontece quando Deus fala por meio da Bíblia. De acordo com Barth, a Bíblia é um livro divino, porém escrito por homens dotados de falhas e defeitos, por isso encontramos algumas contradições no texto bíblico. Esse é um dos motivos por que devemos acreditar na sua inspiração, pois, mesmo sendo um livro escrito por homens falíveis, Deus nos fala por meio dele.

De acordo com Barth, nesse momento em que Deus nos fala, é quando a Bíblia **torna-se** a Palavra de Deus. Por essa razão, Barth não tinha preocupação em discutir a respeito dos detalhes bíblicos que aparentam possíveis contradições, como fatos históricos, nomes de pessoas etc. Para ele, essas questões são secundárias, pois a centralidade das Escrituras é a pessoa de Jesus Cristo. É por meio dela que conhecemos mais a respeito do senhorio do Filho de Deus.

De acordo com Barth, a Igreja também é um meio pelo qual Deus se revela, por meio do ensino e da pregação (Olson, 2001). O conhecimento teológico não pode ficar restrito a um grupo de cristãos, mas deve envolver toda a Igreja. Na Igreja católica, existe o magistério, um grupo encarregado pela doutrina e pela teologia da Igreja. No entanto, na Igreja evangélica, não existe esse tipo de magistério, a teologia é para toda a Igreja. Toda a comunidade precisa estar envolvida no conhecimento teológico, o qual se dá mediante o anúncio da Palavra de Deus. É, no contexto da Igreja, que ocorre o encontro entre o divino e o humano por meio da proclamação da mensagem de Jesus Cristo (Mondin, 2003, p. 71).

> A ação reconciliadora de Cristo, que conclama o homem a uma nova vida como filho de Deus, chama-o, ao mesmo tempo, a fazer parte da Igreja, "a comunidade viva de nosso Senhor Jesus Cristo". Como já se viu, a Igreja tem essencialmente a função de pregar a Palavra e atestar a revelação da Palavra ocorrida. Iluminada e sustentada pelo Espírito Santo, ela foi enviada ao mundo para prestar testemunho de Jesus Cristo diante de todos e restabelecer a aliança entre o homem e Deus que se concluirá com seu retorno. (Mondin, 2003, p. 71)

A Igreja exerce seu ministério em duas dimensões: **palavra** e **ação**. Mediante a palavra, a Igreja prega, ensina, adora, evangeliza, faz missões, desenvolve a teologia. Pela ação, a Igreja cuida dos necessitados, promove o bem-estar, aconselha etc. De acordo com Barth, esse ministério duplo deve ser exercido por todos, sejam ministros, sejam leigos, pois a Igreja tem uma missão profética e precisa executá-la (Mondin, 2003, p. 71-72).

Por isso, Barth foi um teólogo preocupado com o anúncio da Palavra de Deus, caracterizada por uma mensagem que desse resposta aos conflitos humanos de seu tempo. Por esse e outros motivos, Barth é considerado um dos principais teólogos da história da teologia.

6.5 Teologias contextuais – teologia pública e teologia latino-americana

As teologias *conceituais*, como o próprio nome indica, são aquelas produzidas com base nas realidades locais. Elas surgiram também como crítica a um tipo de teologia que sempre privilegiou os teólogos europeus e norte-americanos. Mas a principal característica das teologias contextuais é a capacidade que têm de apontar respostas para os problemas sociais, como injustiça, desigualdade social, racismo, entre outros.

Portanto, há inúmeras possibilidades de pensar a teologia: teologia negra, teologia feminista, entre tantas outras. A seguir, vamos apresentar duas teologias contextuais: a teologia pública e a teologia latino-americana, advindas de esforços de teólogos e teólogas que fazem da teologia um instrumental para enfrentar os problemas político-sociais.

6.5.1 Teologia pública

A teologia pública diz respeito à participação da Igreja em setores da sociedade como política, economia, educação, mídia e em outros espaços públicos. Um dos teólogos que enfatizava a atuação da Igreja para além das fronteiras do templo foi Dietrich Bonhoeffer, que, mesmo vivendo em tempos difíceis, como a Segunda Guerra Mundial, decidiu ser uma voz profética.

O teólogo Bonhoeffer nasceu em 1906, em Breslau, na Alemanha, mas passou boa parte de sua juventude em Berlim (Mondin, 2003, 245). De família burguesa, seu pai foi um importante médico psiquiatra e neurologista. Aos 17 anos, Bonhoeffer decidiu se tornar pastor e, em 1923, iniciou seus estudos teológicos na Universidade de Tübingen. Foi aluno de Barth, que elogiou o jovem teólogo pela sua produção e dedicação à teologia. Depois de concluir seu curso, iniciou sua atividade pastoral, sempre em harmonia com sua atividade teológica. A partir de 1929, preparou-se para exercer a docência teológica, sendo enviado por seus superiores ao Union Theological Seminary, de Nova Iorque, para aprimoramento. Foi um período de crescimento tanto pessoal como teológico para Bonhoeffer (Mondin, 2003, p. 245-246).

Em 1931, Bonhoeffer retornou dos Estados Unidos e iniciou sua carreira como professor universitário em Berlim, exercendo considerável influência não apenas intelectual, mas também espiritual em seus alunos. Além da atividade docente, Bonhoeffer exercia uma intensa atividade pastoral, o auditório estava sempre lotado para ouvir suas pregações. Bonhoeffer também desenvolvia uma espécie de discipulado com jovens e adolescentes, por essa razão, conquistou a simpatia de muitas famílias (Mondin, 2003, p. 246).

Conforme relata Mondin (2003, p. 247), com a chegada de Adolf Hitler ao poder em 1933, a Igreja evangélica oficial da Alemanha proibiu a ordenação de pastores de origem judaica. Sem dúvida, uma influência direta da ideologia de Hitler, que considerava a raça ariana superior. Como discordava dessa e de outras doutrinas do governo de Hitler, Bonhoeffer fundou, com outros teólogos, entre eles, Karl Barth, a Igreja Confessante. Nesse momento, eles não estão preocupados em desenvolver uma teologia especulativa, mas voltada para as necessidades e os problemas de seu tempo. Uma teologia vinculada, contextualizada, com a realidade (Mondin, 2003, p. 247).

Em razão de suas ideias opostas ao nazismo alemão, Bonhoeffer decidiu se mudar para Londres, onde dedicou seu tempo ao trabalho pastoral, ao estudo e à atividade acadêmica. Em 1935, chegou a pensar que seria interessante ir até a Índia conhecer Mahatma Gandhi, a fim de se inteirar do método da não violência. No entanto, isso não ocorreu, porque a Igreja Confessante desejava que Bonhoeffer assumisse a direção do seminário. De volta a Berlim, ele dirigiu o seminário e lecionou na universidade, entretanto, em 1936, seu título de professor foi cassado pelo Estado, em razão de suas ideias contrárias ao regime de Hitler (Mondin, 2003, p. 247).

Por causa disso, dedicou todo seu tempo à formação de seus alunos no seminário, onde era valorizado não apenas o estudo acadêmico, mas também a oração e a vida em comunhão. Nesse período, escreveu duas obras: *Imitação* (1937) e *Vida comunitária* (1938). Por ordem dos nazistas, o seminário foi fechado e Bonhoeffer proibido de ensinar e publicar seus livros (Mondin, 2003, p. 248).

Convencido por seus amigos norte-americanos, ele decidiu ir aos Estados Unidos para realizar uma série de conferências. Porém, em 1939, quando tomou conhecimento de que, em breve, a guerra começaria, preferiu voltar para a Alemanha (Mondin, 2003, p. 248).

> *Sentado no jardim do seminário ("Union Theological Seminary"), tive tempo de pensar e orar no que se refere à minha situação e à da minha nação, obtendo algumas luzes sobre a vontade de Deus. Cheguei à conclusão de que fiz um erro ao vir para os Estados Unidos. Nesse período difícil da história da minha pátria, devo viver junto com o meu povo. Não terei o direito de participar da reconstrução da vida cristã na Alemanha depois da guerra se não tiver compartilhado com meu povo as provas deste período. Os cristãos alemães terão que enfrentar a terrível alternativa de desejarem a derrota se sua própria salvação da civilização cristã ou desejarem a vitória de sua pátria e, consequentemente, a destruição de nossa civilização. Eu sei a escolha que devo fazer; porém não posso fazê-la e manter-me ao mesmo tempo em segurança.* (Bonhoeffer, citado por Mondin, 2003, p. 248)

No início do conflito, conforme relata Mondin (2003, p. 249), ele adotou uma postura pacífica, no entanto, com o avanço da guerra, decidiu entrar num grupo de resistência ao governo de Hitler. O grupo acreditava que o nazismo era diabólico e, por isso, precisava ser deposto. Para tanto, elaboraram um plano cuja execução dependia de Bonhoeffer. Como era pastor, ele podia viajar para o exterior e estabelecer contato com os inimigos do regime de Hitler, informando-os sobre a situação. Entretanto, o serviço secreto alemão descobriu os planos da resistência e seus membros foram presos (Mondin, 2003, p. 249).

A prisão de Bonhoeffer ocorreu em 1943 e durou 18 meses. Mesmo preso, ele exercia atividades pastorais e literárias. Dava assistência pastoral a seus companheiros de prisão e escrevia cartas para sua noiva e para seus amigos. Esses escritos deram origem a seu livro *Resistência e submissão*. Em 1945, foi transferido para um campo de concentração. Mesmo ali, Bonhoeffer pregava e ensinava a respeito do evangelho de Cristo. Ele foi condenado à morte por enforcamento no dia 9 de abril de 1945, aos 39 anos de idade. (Mondin, 2003, p. 250)

> Os policiais foram buscá-lo para que ele fosse levado ao lugar de sua execução precisamente no instante em que ele estava terminando a realização de um culto do qual participava juntamente com os demais companheiros de prisão. Com absoluta tranquilidade, ele voltou-se para um de seus amigos e disse-lhe: "Chegou o fim. Para mim, esse é o momento quando começo a viver". (Horden, 1974, p. 254-255)

Teologia de Dietrich Bonhoeffer

Bonhoeffer dividiu o conhecimento em três categorias: crente, querigmático e teológico. O primeiro, **crente**, é quando a pessoa conhece Cristo mediante a fé, ou seja, quando o homem reconhece o senhorio de Jesus em sua vida; o segundo, **querigmático**, refere-se ao conhecimento que o pregador precisa ter a respeito de Cristo. O centro da mensagem do evangelho é Cristo, de modo que aquele que prega precisa conhecer Jesus para falar sobre ele. Por isso, há a necessidade do terceiro tipo de conhecimento, o **teológico**. O conhecimento a respeito de Jesus, das origens da Igreja foram preservados, sobretudo, pela Bíblia, razão pela qual o conhecimento teológico é de fundamental importância (Mondin, 2003, p. 254-255).

Portanto, para Bonhoeffer, segundo Mondin (2003, p. 255), teologia é tarefa da Igreja, pois a pregação necessita de uma fundamentação teológica. A edificação do corpo de Cristo ocorre mediante uma proclamação com base nas Escrituras.

Bonhoeffer dava ênfase à necessidade da pregação, por isso enfatizava que a teologia precisa estar fundamentada na Palavra de Deus. Além disso, a reflexão teológica não pode ser apenas um produto de concepções racionalistas; nesse sentido, ele discorda da teologia liberal (Mondin, 2003, p. 255). A pessoa de Cristo e a Palavra de Deus são elementos centrais na teologia de Bonhoeffer. A função da teologia era a de interpretar a Revelação Divina, bem como torná-la compreensível aos homens de seu tempo (Mondin, 2003, p. 255).

De acordo com Bonhoeffer, a teologia precisa estar de acordo com a realidade da Igreja, portanto, a Igreja e a teologia devem estar em constante diálogo. Desse modo, a teologia contribuiu para o desenvolvimento da Igreja de Cristo, entretanto o pensamento teológico precisa reconhecer seus limites, reconhecer que não tem todas as respostas; nesse momento, é preciso ter humildade teológica (Mondin, 2003, p. 256).

De acordo com Bonhoeffer, ao estudarmos a cristologia, devemos nos ocupar da pergunta "quem é Jesus?", pois ela nos orientará no sentido de estudarmos a totalidade de Cristo: sua encarnação, paixão e ressurreição entre os mortos (Mondin, 2003, p. 266-267).

Ao estudarmos as respeito de sua encarnação, veremos quão grande é a graça divina, a qual nos alcançou, embora não a merecêssemos. Ao estudarmos sobre a paixão de Cristo, veremos os juízos de Deus para com o pecado e, na ressurreição, a vontade de Deus em relação à humanidade. Portanto, o estudo da cristologia precisa levar em conta esses três elementos. Seria um erro elaborar, separadamente, uma teologia da encarnação, uma teologia da cruz e uma teologia da ressurreição, pois as três fazem parte de uma totalidade (Mondin, 2003, p. 267).

Na encarnação, o próprio Deus entrou na realidade humana a fim de experimentar, em sua carne, as experiências existenciais. Ele escolheu ser homem e passar todas as humilhações em sua condenação à morte na cruz. Por meio de sua morte, ocorre o aniquilamento do império da morte; Jesus, ao ter seu corpo dilacerado na cruz, venceu o poder do pecado e conquistou a salvação aos que creem. Mediante a ressurreição, a morte é vencida, assim, o dom da ressurreição foi dado aos homens.

De acordo com Bonhoeffer, devemos reproduzir a imagem de Cristo; imitá-lo, seguir seu exemplo. Assim como Jesus adentrou na realidade humana mediante sua encarnação, também devemos estar presentes no mundo, de modo a influenciá-lo. Cristo se tornou homem e se fez presente na realidade humana de seu tempo (Mondim, 2003, p. 269). Para o teólogo, da mesma forma, devemos imprimir nossa marca cristã na sociedade, a fim de influenciá-la com os valores do Reino de Deus. Sendo assim, o cristianismo autêntico precisa ser capaz de ser voz profética neste mundo, bem como ser capaz de modificar suas estruturas pecaminosas (Mondin, 2003, p. 270). A Igreja não pode viver apenas em seu casulo eclesiástico, mas também deve estar presente nos mais variados setores da sociedade.

De igual modo, devemos seguir o exemplo deixado por Jesus por meio de sua morte. Em outras palavras, a vida cristã, às vezes, pode ser sinônimo de sofrimento, de martírio, por isso precisamos estar dispostos a isso, se necessário. Portanto, imitar a Cristo exige um preço a ser pago, pois, de acordo com Bonhoeffer, a graça de Cristo não é barata, mas tem um custo (Mondin, 2003, p. 270). Nesse sentido, a fé cristã exige renúncia e certo esforço por parte do homem. Tornar-se cristão não significa que o indivíduo terá uma vida completamente feliz, pois Jesus nunca fez essa promessa. Ser discípulo de Cristo é estar disposto a caminhar com ele em todos os momentos, a única garantia que Jesus nos dá é que sempre estará conosco. Portanto, de acordo com Bonhoeffer, seguir a Jesus significa abrir mão, renunciar a muitas coisas.

Conforme cita Hordern (1974), assim como Lutero, Bonhoeffer acreditava que a salvação é uma obra divina, oferecida pela graça. Entretanto, essa mesma graça custa caro. Ele lembra a ocasião em que Lutero se matriculou num mosteiro agostiniano, porque pensava que pudesse alcançar a salvação por meio desse ato de sacrifício. Mas, nesse mosteiro, Lutero concluiu que a salvação é pela graça e não por atos de justiça. Todavia, o reformador sabia que essa graça tinha um custo, pois sair do monastério e voltar para o ambiente do mundo exigiria renúncia. Todos os que entregam seu coração a Cristo completamente e sem reservas precisam renunciar a alguma coisa, porque essa renúncia é o custo da graça. Para Bonhoeffer, ser cristão não é apenas ir aos cultos e ouvir a mensagem para que todos os seus pecados estejam perdoados, mas é reconhecer que é um discípulo de Cristo (Hordern, 1974).

Como resultado de seu pensamento a respeito da "graça barata", o teólogo escreveu um livro intitulado *O custo do discipulado* (1937), no qual discorre a respeito do Sermão do Monte, para falar sobre o quanto custa ser um discípulo de Cristo. Nesse livro, Bonhoeffer defendeu que é na Igreja que os discípulos de Jesus encontram a fonte de vigor espiritual, a qual os capacita para viverem de acordo com os ensinos do evangelho. Ainda sobre a Igreja, na sua obra *Vida em comunidade*, Bonhoeffer discorre, de maneira mais detalhada, sobre o papel da Igreja, a qual dá o suporte para a vida cristã. A vida em comunhão é fundamental para o desenvolvimento da vida cristã, por isso Bonhoeffer valoriza o encontro entre os cristãos, para se edificarem mutuamente (Hordern, 1974).

Bonhoeffer defendia que a melhor maneira de fazermos com que o cristianismo seja uma mensagem inteligível para o homem moderno é pelo bom exemplo. Por meio de nosso comportamento, podemos levar as pessoas a entenderem a nossa fé. Para isso, a Igreja precisa ter uma presença maior na sociedade, dedicando-se às atividades seculares. Bonhoeffer, inclusive, não gostava de pensar a vida de forma bipartida cristão-secular, sagrado-profano, como se a realidade fosse dividida em dois compartimentos. Ele criticava essa concepção de haver uma "vida espiritual" e uma "vida material" (Hordern, 1974).

> *Em primeiro lugar, Bonhoeffer é de opinião que a religião estabelece uma divisão do mundo em suas esferas, a sagrada e a secular, ou a santa e a profana. A religião costuma entender que certas pessoas, certas profissões, certos atos e certos livros são sagrados, enquanto os demais são profanos. As pessoas e as atividades dedicadas ao que seja sagrado serão mais elevadas do que as pessoas e as atividades associadas ao que seja profano. A vida que mais interessa ao religioso constitui-se num cenário de tensões e conflitos entre situações religiosas e profanas. Quanto mais*

religiosa se presuma uma pessoa qualquer, tanto maior tempo e energia devotará ao que lhe pareça sagrado e tanto menos se disporá a gastar com o que lhe pareça profano. (Hordern, 1974, p. 261)

Ele preferia pensar na vida como um todo, em que estão presentes os elementos espirituais e os seculares. Bonhoeffer não fazia, por exemplo, a separação entre trabalho sagrado e trabalho secular. Para o teólogo, tanto o trabalho pastoral como o de uma enfermeira, de um professor, de um advogado, entre outros, são trabalhos que podem ser usados como instrumento de engrandecimento do Reino de Deus no mundo. Sendo assim, essas distinções entre sagrado e secular devem ser evitadas. Ele dizia que o melhor lugar para servir a Deus não era num mosteiro, mas, exatamente, no mundo, onde pudéssemos ser, de fato, "luz do mundo e sal da terra" (Hordern, 1974).

A Igreja deve levar a presença de Deus para o mundo; ela deve se integrar no mundo e levar os homens ao conhecimento do evangelho de Cristo. O cristão não deve apenas viver uma vida isolada de piedade, mas ele deve ser uma testemunha de Cristo no mundo. O cristão pode ser essa testemunha em todos os setores da sociedade. Sendo assim, Bonhoeffer deu importante contribuição à teologia cristã ao enfatizar que a Igreja precisa ser testemunha do senhorio de Cristo no mundo, de modo que toda a sociedade precisa ser influenciada pelos princípios do Reino de Deus.

6.5.2 Teologia da libertação latino-americana

A teologia da libertação latino-americana surgiu nas décadas de 1960 e de 1970, com o principal objetivo de fazer uma teologia de acordo com as necessidades dos pobres e dos oprimidos. Nesta seção, estudaremos suas origens e seus principais nomes.

A teologia da libertação, na América Latina, surgiu em razão da situação de opressão social. Um grupo de teólogos, em sua grande maioria católicos, preocupados com a situação de desigualdade social na região, reuniu-se para discutir como a teologia podia ser útil, combatendo o sistema social opressivo. Com efeito, eles concluíram que o ponto de partida da teologia cristã é fazer uma análise da situação sociopolítica, de modo a identificar aquilo que gera opressão e exploração social.

A teologia precisa ser capaz de contribuir para a diminuição de todas as formas de desigualdade social, por isso a prioridade da teologia da libertação latino-americana são os pobres, pois Deus está sempre ao lado deles. A teologia da libertação dá ênfase à *práxis*, ou seja, à prática. Portanto, fazer teologia não pode ser apenas um trabalho de teorização de ideias, mas também deve ser de uma prática no sentido de promover mudanças na sociedade. Para esses teólogos, a teologia que apenas reflete, de maneira especulativa, a respeito de Deus, e não exerce uma ação, é infrutífera. Sendo assim, **fazer teologia é também militar em prol de uma sociedade mais justa e igualitária**.

Em 1968, bispos católicos se reuniram em Medellín, Colômbia, em um encontro que ficou conhecido como Conferência Geral do Episcopado Latino-Americano (Celam II). O encontro repercutiu em toda a região e nele se reconheceu que a Igreja havia ficado ao lado de governos opressivos e que, no futuro, ela deveria ficar ao lado dos pobres (McGrath, 2005). Portanto, as origens da teologia da libertação estão relacionadas com a realização da Celam II. Destacamos os seguintes princípios da teologia da libertação latino-americana:

a) A teologia da libertação é voltada para os oprimidos e os pobres; os marginalizados pela sociedade, pois a genuína teologia é aquela que liberta os pobres. Deus se coloca ao lado das pessoas marginalizadas, por isso a missão maior da Igreja é libertá-las da opressão.

b) A teologia da libertação procura fazer uma reflexão crítica a respeito da prática; é necessário engajamento, ação, para diminuir as desigualdades. A teologia não deve apenas explicar o mundo, mas, sobretudo, transformá-lo.

Os teólogos da libertação criticam os excessos do capitalismo, a busca desenfreada pelo lucro e pelo consumo, sendo, portanto, mais favoráveis a uma economia socialista, em que não haja injustiças sociais. Eles acreditam que seja possível uma sociedade sem pessoas que morram de fome, na qual as pessoas tenham onde morar, ou seja, em que todos tenham uma vida digna. Em razão dessa crítica ao capitalismo, para muitos, a teologia da libertação é influenciada pela teoria marxista, uma teoria econômica originada por Karl Marx (1818-1883), a qual reivindica o estabelecimento do socialismo para se acabar com as desigualdades sociais.

Os próprios teólogos da libertação reconhecem a influência do marxismo, tendo em vista que essa teoria econômica contribuiu para analisar as injustiças sociais e, consequentemente, lutar para que elas sejam extintas. Mas eles também recorrem aos textos bíblicos para fundamentar suas ideias de que Deus se coloca ao lado dos pobres e dos oprimidos: a libertação de Israel da escravidão do Egito, por exemplo, e o próprio ministério terreno de Jesus, o qual restaurava a dignidade de pessoas marginalizadas pela sociedade. Com efeito, para a teologia da libertação, o centro das Escrituras é a libertação dos pobres e oprimidos.

Importantes teólogos do início desse movimento foram o peruano Gustavo Gutiérrez, o brasileiro Leonardo Boff, o uruguaio Juan Luis Segundo e o argentino José Mígues Bonino.

Gustavo Gutiérrez nasceu em 1928 e muitos o consideram o pai da teologia da libertação na América Latina. Aos 24 anos, mudou-se para a Europa, a fim de se preparar para o sacerdócio católico. Quando foi ordenado padre, voltou para Lima, no Peru, onde foi nomeado para dirigir uma paróquia, além de se dedicar à docência numa universidade católica. Todavia, uma questão preocupava Gutiérrez: Como dizer ao pobre que ele era amado por Deus? Sendo assim, ele começa a elaborar sua teologia, a qual deveria levar em consideração o sofrimento dos pobres; essa foi uma das inspirações para que se realizasse a segunda Conferência do Episcopado Latino-Americano (McGrath, 2005).

Em 1969, Gutiérrez foi para o Brasil, que vivia o período da ditadura militar, e se encontrou com militantes da ação católica, os quais se identificavam com a teologia de Gutiérrez. Em 1971, publicou *Teologia da libertação*, um marco para essa teologia na América Latina. Gutiérrez acredita que a libertação se dá em três níveis; o primeiro é **o econômico**, no qual é preciso combater os elementos que originam as injustiças sociais; o segundo é **o humano**, pois não bastar mudar as estruturas que causam opressão, também é preciso mudar o homem, conscientizá-lo de que está sendo explorado e tem direitos de uma vida mais digna; o terceiro é **o teológico**, no qual é preciso se libertar do pecado, que, para Gutiérrez, é a recusa de amar a Deus e ao próximo (McGrath, 2005). Ele também acredita que

> *A teologia deve ser uma reflexão crítica sobre a humanidade, sobre princípios básicos. Somente com essa abordagem a teologia será um discurso sério, consciente de si mesmo, inteiramente de posse de seus*

elementos conceituais. Contudo, ao falar da teologia como reflexão crítica, não estamos nos referindo exclusivamente a esse aspecto epistemológico. Também estamos nos referindo a uma atitude clara e crítica em relação às questões econômicas e socioculturais na vida e reflexão da comunidade cristã. Desconsiderar estas questões é o mesmo que enganar a si mesmo e aos outros. Acima de tudo, porém, usamos esse termo para expressar a teoria de uma prática definida. Nesse caso, a reflexão teológica seria necessariamente, uma crítica à sociedade e à Igreja, no sentido de que são chamadas e tratadas pela Palavra de Deus; seria uma teoria crítica praticada à luz da Palavra de Deus e inspirada por um propósito prático – e, portanto, indissoluvelmente ligada à práxis histórica... Essa tarefa crítica é indispensável. A reflexão à luz da fé deve ser a companheira constante da atuação pastoral da Igreja. Ao manter os acontecimentos históricos em sua devida perspectiva, a teologia ajuda a proteger a sociedade e a igreja de considerarem permanente aquilo que é apenas temporário. Assim, a reflexão crítica sempre desempenha o papel inverso de uma ideologia que racionaliza e justifica determinada ordem social e eclesiástica. Por outro lado, ao apontar para as fontes da revelação, a teologia ajuda a nortear a atividade pastoral colocando-a dentro de um contexto mais amplo e, desse modo, ajudando a evitar o ativismo e o imediatismo. A teologia como reflexão crítica exerce, portanto, uma função libertadora para a humanidade e para a comunidade cristã, preservando-as do fetichismo e da idolatria, bem como do narcisismo pernicioso e depreciativo. Entendida desse modo, a teologia tem papel necessário e permanente na libertação de todas as formas de alienação religiosa – que, com frequência, é promovida pela própria instituição eclesiástica quando esta serve de empecilho para uma abordagem autêntica à Palavra do Senhor. (Gutierrez, citado por McGrath, 2005, p. 362-363)

Nos anos 1980, Gutiérrez sofreu um processo do Vaticano, que não concordava com as doutrinas da teologia da libertação. Atualmente, ele reside no Peru, onde se dedica às atividades pastorais, principalmente, entre os pobres, além de aulas e escrever livros (McGrath, 2005).

Outro nome de destaque na teologia da libertação é Leonardo Boff. Ordenado padre em 1964, é doutor em teologia pela Universidade de Munique, Alemanha. Quando retornou para o Brasil, atuou como professor de teologia no Instituto Teológico Franciscano de Petrópolis, além de ter publicado mais de 60 livros.

Um dos primeiros livros de Boff com influência da teologia da libertação foi *Carisma e poder*, no qual fez críticas à hierarquia da Igreja. Essa obra causou desconforto no Vaticano e, por isso, Boff foi processado pela Congregação para Doutrina da Fé. Na época, o responsável por esse órgão do Vaticano era Joseph Ratzinger, que, em 2005, iria se tornar o Papa Bento XVI (McGrath, 2005).

Com esse processo, Leonardo Boff foi condenado, em 1985, a um ano de silêncio obsequioso, sendo proibido de publicar livros e de ensinar. Entretanto, em 1992, o próprio Boff decidiu abandonar a ordem católica franciscana da qual participava e também pediu dispensa de seu sacerdócio. Após a concessão da dispensa, tornou-se um militante dos direitos humanos e se casou com Márcia Monteiro da Silva Miranda. Além da atuação a favor dos direitos humanos, ele atua em movimentos sociais de esquerda como o Movimento dos Trabalhadores Rurais Sem Terra (MST). Como um teólogo da libertação, Leonardo Boff tem produzido vasta bibliografia, quase todas relacionadas com a questão da necessidade de justiça social. Nos últimos anos, ele também tem falado muito a respeito das questões ambientais (McGrath, 2005).

José Migues Bonino, outro teólogo da libertação, nasceu em Santa Fé, Argentina, em 1924. Aos 20 anos, deu início a seus estudos na Faculdade de Teologia Interdenominacional, em Buenos Aires. Em 1955, tornou-se professor da faculdade e recebeu o título de doutor em 1959, pelo Unior Theological Seminary, de Nova Iorque. Diferente dos teólogos da libertação que estudamos até aqui, Bonino não era católico, mas metodista, e foi um dos primeiros protestantes do movimento. Em 1976, publicou *Fé em busca de eficácia*, abordando a necessidade de uma fé que promova o engajamento nas questões sociais e políticas. Escreveu também *Teologia em situação revolucionária* (1975) e *Para uma ética política cristã* (1983), os quais são considerados textos clássicos da teologia da libertação. Bonino acreditava que uma das maneiras de promover a justiça social era por meio do ecumenismo, pelo qual as igrejas uniriam suas forças contra as desigualdades sociais (McGrath, 2005).

Figura 6.3 – Os pobres e a teologia da libertação

A condenação de Leonardo Boff pelo Vaticano, na década de 1980, mediante a liderança do então cardeal Joseph Ratzinger, era um dos sinais de que a Igreja católica não concordava com as doutrinas da teologia da libertação.

De acordo com a posição da Igreja católica, a teologia da libertação, em sua tentativa de propor uma elaboração teológica mais prática, tira o elemento espiritual e transcendente da fé. Por exemplo, o Cristo retratado por essa teologia se parece mais com um revolucionário político do que com um salvador divino. Além disso, ela fala de salvação apenas em termos de libertação das injustiças sociais. Com efeito, de acordo com a Igreja católica, elimina os aspectos transcendentais da fé.

Outra crítica feita é que os teólogos da libertação misturam conceitos marxistas com a doutrina cristã, entretanto, o cristianismo não pretende apenas libertar o pobre de sua condição. De acordo com a posição oficial da Igreja católica, faz parte, sim, do evangelho cuidar dos marginalizados da sociedade, mas, para isso, não é preciso recorrer a doutrinas marxistas.

Apesar da condenação pelo Vaticano, a teologia da libertação, mesmo que de maneira muito tímida, ainda existe em alguns setores do catolicismo com característica mais popular. Como já citamos anteriormente, o tema principal, a libertação, é considerado em três níveis de sentido, que estão interligados (Gibellini, 2002, p. 354-357):

1. No nível social e político, a libertação é uma expressão das aspirações das classes e dos povos oprimidos. Essa libertação enfatiza o conflito no processo econômico, social e político entre oprimidos e opressores.
2. No nível humano, a libertação é concebida como um processo histórico no qual as pessoas desenvolvem, conscientemente, seu próprio destino por meio das mudanças sociais.

3. No nível religioso, salvífico, a libertação significa a libertação do pecado, a fonte última de todo desvio da fraternidade, de toda injustiça e opressão. Ela traz o homem de volta à comunhão com Deus e com os semelhantes, que é a libertação radical e total.

Esses três processos não podem ser separados, eles formam um processo único e complexo da salvação.

A teologia da libertação inovou ao se apropriar dos saberes das ciências sociais como referencial teórico em seu processo hermenêutico, isto é, de interpretação da vida à luz da Bíblia e da Bíblia por meio da realidade social latino-americana.

Ela buscou ser uma teologia que, tendo o pobre como "chave hermenêutica", lutou por sua libertação das diversas dominações e empobrecimentos a que estava submetido na ordem social vigente. Esse é o momento em que a teologia da libertação traz para dentro de seu próprio fazer teológico as análises sociológicas. É com essa ajuda que ela se apropria de um olhar mais criterioso da realidade sociopolítica e que possibilita a construção de um discurso teológico sobre o político.

Síntese

Os conteúdos abordados neste capítulo estão sintetizados no quadro a seguir:

Quadro 6.1 – Síntese do Capítulo 6

Fato/Personagem	O que ou quem foi	Causas	Influência na história da teologia
Iluminismo	Movimento intelectual do século XVII.	Valorização da ciência e do racionalismo.	Influenciou no surgimento da teologia liberal.
Teologia liberal	Teologia que tem como fundamento o idealismo hegeliano.	Procurou harmonizar as doutrinas cristãs com o pensamento moderno.	Influenciou inúmeras universidades de teologia da Europa.
Fundamentalismo	Movimento protestante de reação ao liberalismo teológico.	Tinha como objetivo preservar a crença na literalidade dos textos bíblicos.	Influenciou a doutrina de inúmeras Igrejas dos Estados Unidos.
Teologia neo-ortodoxa	Movimento teológico encabeçado por Karl Barth.	Ir além da teologia liberal e do fundamentalismo.	Influenciou o desenvolvimento da teologia da Palavra de Deus, centrada na pessoa de Cristo.
Teologias contextuais	Teologia pública e teologia latino-americana.	Centradas no diálogo com as realidades locais.	Imprimiram um caráter mais prático à teologia, de enfrentamento dos problemas sociais.

Atividades de autoavaliação

1. Assinale a alternativa que expressa corretamente os ideais do Iluminismo:
   a) O fundamento sobrenatural da teologia foi fortemente reafirmado pelo racionalismo iluminista.
   b) O Iluminismo tornou-se um movimento especialmente forte na França.
   c) John Locke é o mais claro representante do empirismo.
   d) Kant concluiu que o emprego da razão teórica especulativa no estudo da natureza produz conhecimento teológico.
   e) Uma das principais características do empirismo é a crença de que temos ideias inatas.

2. Assinale a alternativa que expressa corretamente o pensamento de Schleiermacher:
   a) O idealismo é entendido, em filosofia, como a visão de que a mente é a realidade mais básica.
   b) A teologia de Schleiermacher foi fruto do esforço de corresponder ao escolasticismo.
   c) Como teólogo liberal, Schleiermacher via com muitos bons olhos o dogmatismo rígido de seus dias.
   d) Para Schleiermacher, as Escrituras fazem a intermediação entre a autorrevelação de Deus e os seres humanos.
   e) Para Schleiermacher, o pecado é a possibilidade de o ser humano alcançar e se aproximar de Deus.

3. Assinale a alternativa que expressa corretamente os ideais do fundamentalismo:
   a) Durante o início dos anos 1900, os fundamentalistas eram uma ampla coalizão de católicos conservadores que defendiam os "fundamentos" da ortodoxia cristã contra os liberais.
   b) Desde o início, o movimento fundamentalismo e o dispensacionalismo eram incompatíveis.
   c) O fundamentalismo norte-americano ganhou forma com a publicação de uma série de 12 folhetos, intitulados *The Fundamentals*.
   d) Ainda no contexto do fundamentalismo, a Bíblia de Scofield afirmava que o "poder que vem do Norte" para atacar Israel antes do Armagedon, conforme registrado no texto bíblico, dizia respeito à China.
   e) Como movimento teológico, o fundamentalismo esteve restrito ao campo da educação teológica, não incidindo na esfera pública.

4. Assinale a alternativa que identifica corretamente a posição teológica de Barth:
   a) Barth era favorável e muito alinhado à teologia liberal.
   b) De acordo com Barth, Deus é absoluto, isto é, está desvinculado de tudo que não seja Ele mesmo.
   c) De acordo com a neo-ortodoxia de Karl Barth, a Bíblia é a Palavra de Deus.
   d) Para Barth, a igreja não pode ser considerada um meio pelo qual Deus se revela.
   e) A intenção de Barth era compor uma teologia sistemática completamente livre de qualquer influência filosófica predominante.

5. Assinale a alternativa que identifica corretamente a teologia contextual:
   a) A teologia pública pode ser definida como um tipo de saber produzido *por* e *para* acadêmicos, exclusivamente.
   b) Assim como boa parte das igrejas na Alemanha, Bonhoeffer também foi obrigado a aderir ao nazismo.
   c) A prisão de Bonhoeffer ocorreu em 1943 e o teólogo ficou 18 meses no cárcere. Mesmo preso, ele exercia atividades pastorais e literárias.
   d) A teologia da libertação latino-americana surgiu nas décadas de 1980 e 1990.
   e) Os teólogos da libertação acreditam que o capitalismo é o caminho para diminuir a distância entre ricos e pobres.

Atividades de aprendizagem

Questões para reflexão

1. Quais são os pressupostos de uma teologia pública?
2. Aponte pontos positivos e negativos da teologia da libertação.

Atividade aplicada: prática

1. A teologia da libertação vaticina que a realidade econômica é totalmente desfavorável às camadas mais pobres da América Latina. Faça uma breve pesquisa para identificar quantas pessoas vivem em situação de extrema pobreza em seu município e qual a porcentagem de cristãos que também residem nele. A ideia é identificar se o aumento do cristianismo está relacionado com a diminuição da pobreza.

Considerações finais

A história da teologia cristã é dinâmica e, por isso, ela continua seguindo seu caminho. Há uma série de outros fatos e personagens históricos ligados à teologia cristã que poderiam também serem estudados neste livro, mas os que escolhemos têm profunda relevância para o desenvolvimento da teologia como disciplina de estudo.

No primeiro capítulo, vimos que o período antigo ficou conhecido na história como uma fase em que as bases da teologia foram lançadas. As primeiras reflexões teológicas estavam centradas na defesa da fé cristã. Logo nos primeiros anos, polemistas e apologistas precisaram se "desdobrar" para manter o que consideravam ser uma crença correta, e o que não estava de acordo com as concepções gerais da Igreja foi rechaçado como heresia – o gnosticismo é um exemplo dessa relação de "tensão doutrinária". Na defesa dos preceitos em que acreditavam, os pais apostólicos foram os primeiros escritores pós-bíblicos. Ainda em razão dessa defesa, as necessidades práticas e teóricas das comunidades cristãs elevaram a posição do bispo em cada Igreja, razão por que ele passou a ser visto e reconhecido como superior aos outros presbíteros. Nesse contexto de hierarquização, intensificaram-se as discussões teológicas, que foram levadas para os concílios ecumênicos. Marcado pela apologética, esse primeiro período da história da teologia cristã, como abordamos no Capítulo 1, é de fundamental importância para o desenvolvimento histórico da teologia.

No Capítulo 2, abordamos a importância dos concílios no estabelecimento dos dogmas. Esses dogmas, anteriormente, eram ideias e controvérsias, como a cristologia. Desde o primeiro século, o tema da união das duas naturezas de Cristo foi objeto de discussão e o importante Concílio de Niceia foi a instância máxima para resolver a questão. Uma compreensão adequada sobre a história da teologia precisa, necessariamente, passar pelo entendimento de quão significativos foram os concílios. Todavia, não foram capazes de encerrar as controvérsias teológicas, como vimos no Capítulo 3.

Nele, estudamos que, no século XI, substanciais discussões teológicas provocaram o grande cisma na Igreja cristã. Na Igreja cristã oriental, os teólogos capadócios obtiveram destaque, cujo labor teológico era manter intactas as resoluções do Concílio de Niceia. Durante esse período, o principal nome da Igreja cristã ocidental foi o de Agostinho de Hipona, que despontou como um dos mais relevantes teólogos da história da Igreja. Suas reflexões sobre a Igreja e, principalmente, sobre o tema da graça influenciaram, de maneira significativa, as elaborações teológicas posteriores. Martinho Lutero, no século XV, foi inspirado pelo pensamento teológico agostiniano.

Iniciamos o Capítulo 4 desconstruindo o senso comum que relaciona Idade Média com idade das trevas. O período medieval foi bastante fecundo para a teologia, inclusive, destacadas universidades surgiram nessa época. Aliás, seria contraditório falarmos de *idade das trevas* e *escolástica* ao mesmo tempo. O movimento escolástico surgido no período medieval atribuiu grande ênfase à razão no fazer teológico. Sabemos que um elemento primordial, no cristianismo, foi a ideia de revelação. Deus, em Cristo Jesus, revelou sua vontade à humanidade. Entretanto, para os teólogos da escolástica, era preciso tentar harmonizar a revelação cristã com certos critérios da razão. Desse modo, o fazer teologia foi ganhando, cada vez mais, aparatos racionais.

No Capítulo 5, o tema principal foi um dos fatos mais importantes da história da teologia: a Reforma Protestante do século XVI. Martinho Lutero, com as suas 95 teses, intencionava provocar mudanças tanto na eclesiologia como na teologia da Igreja. Apesar de o reformador não ter tido como objetivo fundar uma nova denominação religiosa, com o passar dos anos, esse processo transcorreu naturalmente. Lutero não foi o único nome de peso da Reforma. Outros também se notabilizaram, como João Calvino e Zwínglio. Ambos atuaram de maneira decisiva na elaboração da teologia reformada, cujos temas centrais são a depravação humana, a soberania divina e a predestinação.

Finalmente, no Capítulo 6, as tendências teológicas do século XX, que surgiram no encalço das teologias modernas, mas em contextos de colonialismo histórico e empobrecimento das massas, foram o tema central. Como o foco dessas tendências era a realidade histórica e concreta, elas serviram-se da mediação teórica e instrumental das ciências sociais. Promoveram, por conseguinte, nova reviravolta na teologia, na gravidade daquelas reviravoltas ocorridas no século II pela filosofia e, no século XVI, pela Reforma Protestante. Assumiram o contexto histórico e vivencial desses povos empobrecidos como lugar legítimo, com base nos quais e para os quais, era possível produzir teologia. Deram origem, então, às teologias contextuais, que assumem, de forma concreta, o lugar de onde se fazem e os comprometimentos dessa localização. Isso foi uma novidade diante das pretensões universalistas das teologias vigentes até então, que serviram, muitas vezes, aos projetos colonialistas modernos, não desconsiderando sua importância como saber da fé.

Esperamos que tenha ficado claro que a teologia é um pensamento a serviço da fé, caminhante na história – e, como tal, não deve ser elaborada à parte das mudanças do mundo. Cada época suscita reações diversas do campo da fé e, com isso, geram teologias. A teologia moderna é fruto desse esforço para um tempo que, em razão da exaustão causada pelo autoritarismo eclesiástico, rompeu com tal modelo, radicalizando a suficiência humana para lidar com a realidade, tornando-se voltada ao humano. Como no período de helenização da teologia, o paradigma moderno provocou mudanças radicais na compreensão da fé, criando uma espécie de caminho sem volta para a teologia. É nesse sentido que a teologia "renasce" no século XX.

Referências

ABBAGNANO, N. **Dicionário de filosofia**. Tradução de Alfredo Bosi e Ivone Castilho Benedetti. 5. ed. São Paulo: M. Fontes, 2007.

ALMEIDA, J. T. de. **Guia de patrística**: as marcas de Cristo na história dos primeiros séculos. São Paulo: Fonte, 2012.

AQUINO, T. de. **Suma teológica**. Tradução de Alexandre Correia. Campinas: Ecclesiae, 2016.

ARMSTRONG, K. **Em nome de Deus**: o fundamentalismo no judaísmo, no cristianismo e no islamismo. Tradução de Hildegard Feist. São Paulo: Companhia das Letras, 2001.

BARTH, K. **Carta aos romanos**. Tradução de Lindolfo K. Anders. 5. ed. São Paulo: Novo Século, 2003.

BARTH, K. **Palavra de Deus, palavra do homem**. Tradução Cláudio J. A. Rodrigues. São Paulo: Novo Século, 2004.

BERGER, P. L. **O imperativo herético**: possibilidades contemporâneas da afirmação religiosa. Petrópolis: Vozes, 2017.

BÍBLIA. Português. **Bíblia Sagrada**. Tradução Almeida Revista e Atualizada, 2. ed. Barueri, SP: Sociedade Bíblica do Brasil, 1998.

BORGES, J. L. **O Aleph**. Tradução de Davi Arrigucci Junior. Rio de Janeiro: Editora Globo, 1996.

BRAY, G. **Creeds, Councils e Christ**. Leicester: InterVarsty Press, 1984.

CAIRNS, E. E. **O cristianismo através dos séculos**: uma breve história da Igreja. São Paulo: Vida Nova, 1992.

CESAREIA, E. de. **História eclesiástica**. São Paulo: Paulus, 2005. (Coleção Patrística, v. 15).

COUTINHO, J. **Elementos de história da filosofia medieval**. Braga: Axioma, 2008.

COUTINHO, J. **Elementos de história da filosofia medieval**. Braga: Axioma, 2016.

DREHER, M. **A Igreja no Império Romano**. São Leopoldo: Sinodal, 1993. v. 1.

DREHER, M. N. Coleção História da Igreja. 5. ed. São Leopoldo: Sinodal, 2004. v. 1-4.

DREHER, M. N. Lutero e a Dieta de Worms de 1521. **Portal Luteranos**, Reflexões em torno de Lutero, 1º set. 1984. Disponível em: <https://www.luteranos.com.br/textos/lutero-e-a-dieta-de-worms-de-1521>. Acesso em: 1º out. 2020.

DUROZOI, G.; ROUSSEL, A. **Dicionário de filosofia**. Tradução de Marina Appenzeller. 2. ed. Campinas: Papirus, 1996.

ECCLESIA BRASIL. **O Concílio de Calcedônia**. Biblioteca. Documentos da Igreja. Disponível em: <https://www.ecclesia.com.br/biblioteca/documentos_da_igreja/concilio_de_calcedonia.htm>. Acesso em: 1º out. 2020.

ELWELL, W. A. (Ed.). **Enciclopédia histórico-teológica da Igreja cristã**. Tradução de Gordon Chown. São Paulo: Vida Nova, 1984.

ERICKSON, M. J. **Introdução à teologia sistemática**. Tradução de Lucy Yamakami. São Paulo: Vida Nova, 2015.

ESSEN, G.; STRIET, M. (Ed.). **Kant e a teologia**. São Paulo: Loyola, 2010.

FICHER, J. História dos dogmas, história da teologia, história do pensamento cristão: considerações sobre alguns conceitos da historiografia eclesiástica. **Estudos Teológicos**, ano 48, n. 1, p. 83-100, 2008. Disponível em: <http://periodicos.est.edu.br/index.php/estudos_teologicos/article/view/400>. Acesso em: 1º out. 2020.

FRANCO JÚNIOR, H. **A Idade Média**: nascimento do Ocidente. 2. ed. São Paulo: Brasiliense, 2001.

GIBELLINI, R. **A teologia do século XX**. Tradução de João Paixão Netto. 2. ed. São Paulo: Loyola, 2002.

GILSON, E. **A filosofia na Idade Média**. Tradução de Eduardo Brandão. São Paulo: M. Fontes, 1995.

GONZÁLEZ, J. L. **Uma história do pensamento cristão**. Tradução de Paulo Arantes e Vanuza Helena Freire de Mattos. São Paulo: Cultura Cristã, 2004a. v. 3: da Reforma Protestante o século 20.

GONZÁLEZ, J. L. **Uma história do pensamento cristão**. Tradução de Paulo Arantes e Vanuza Helena Freire de Mattos. São Paulo: Cultura Cristã, 2004b. v. 1: do início até o Concílio de Calcedônia.

GRENZ, S. J.; OLSON, R. E. **A teologia do século 20**: Deus e o mundo numa era de transição. Tradução de Suzana Klassen. São Paulo: Cultura Cristã, 2003.

GUTIÉRREZ, G. **Teologia da libertação**: perspectivas. Tradução de Yvone Maria de Campos Teixeira da Silva e Marcos Marcionilo. São Paulo: Loyola, 2000.

HÄGGLUND, B. **História da teologia**. Tradução de L. Rehfeldt e Gladis Knak Rehfeldt. Porto Alegre: Concórdia, 2003.

HORDERN, W. **Teologia protestante ao alcance de todos**. Tradução de Roque Monteiro de Andrade. Rio de Janeiro: Juerp, 1974.

LIÃO, I. de. **Contra as heresias**. Tradução de Lourenço Costa. São Paulo: Paulus, 2005. (Coleção Patrística, v. 4).

LIMA, R. P. S.; SCHNEIDER, J. H. J. Guilherme de Ockham: conhecimento, singular e *primum cognitum*. **Horizonte Científico**, Uberlândia, v. 7, n. 1, set. 2013. Disponível em: <http://www.seer.ufu.br/index.php/horizontecientifico/article/view/22064>. Acesso em: 1º out. 2020.

MCGRATH, A. E. **Teologia histórica**: uma introdução à história do pensamento cristão. São Paulo: Cultura Cristã, 2005.

MONDIN, B. **Curso de filosofia**. Tradução de Benôni Lemos. São Paulo: Edições Paulinas, 1981. v. 2: os filósofos do Ocidente.

MONDIN, B. **Os grandes teólogos do século vinte**. Tradução de José Fernandes. São Paulo: Teológica, 2003.

NICHOLS, R. H. **História da Igreja cristã**. 8. ed. São Paulo: Casa Presbiteriana, 2004.

NÓBREGA, F. P. **Compreender Hegel**. Petrópolis: Vozes, 2005.

OLSON, R. **História da teologia cristã**: 2.000 anos de tradição e reformas. Tradução de Gordon Chown. São Paulo: Vida, 2001.

PINHEIRO, J. **Manual de teologia bíblica e sistemática**. São Paulo: Templus, 2017.

REALE, G.; ANTISERI, D. **História da filosofia**: Antiguidade e Idade Média. Tradução de Ivo Storniolo. 5. ed. São Paulo: Paulus, 1990. (Coleção Filosofia, v. 1).

REALE, G.; ANTISERI, D. **História da filosofia**: patrística e escolástica. Tradução de Ivo Storniolo. 2. ed. São Paulo: Paulus, 2005. (Coleção Filosofia, v. 2).

ROSENFIELD, D. (Ed.). **Hegel**: a moralidade e a religião. São Paulo: Zahar, 2002.

SCHLEIERMACHER, F. D. E. **Hermenêutica**: arte e técnica da interpretação. Tradução de Celso Reni Braida. 10. ed. Rio de Janeiro: Vozes, 2014.

SCHLEGEL, F. **A educação estética do homem**. Tradução de Roberto Schwarz e Márcio Suzuki. São Paulo: Iluminuras, 2009.

SHELLEY, B. L. **História do cristianismo**. Tradução de Giuliana Niedhardt. São Paulo: Thomas Nelson, 2004.

THIESSEN, H. C. **Palestras em teologia sistemática**. São Paulo: IBR, 1987.

THIESSEN, H. C. **Palestras em teologia sistemática**. São Paulo: IBR, 2011.

TILLICH, P. **História do pensamento cristão**. Tradução de Jaci Correia Maraschin. São Paulo: Aste, 1968.

TILLICH, P. **Teologia sistemática**. 5. ed. São Leopoldo: Sinodal, 2004.

WARBURTON, N. **Uma breve história da filosofia**. Tradução de Rogério Bettoni. São Paulo: L&PM, 2012.

WESTHELLE, V. Modernidade, mito e religião: crítica e reconstrução das representações religiosas. **Numen – Revista de Estudos e Pesquisa da Religião**, Juiz de Fora, v. 3, n. 1, p. 11-38, 2010. Disponível em: <https://periodicos.ufjf.br/index.php/numen/article/view/21725>. Acesso em: 1º out. 2020.

Bibliografia comentada

COUTINHO, J. **Elementos de história da filosofia medieval**. Braga: Axioma, 2016.

Essa obra faz uma exposição dos principais temas e autores da filosofia medieval: filosofia e religião; filosofia patrística, com foco em Santo Agostinho; filosofia escolástica, dando mais atenção às teorias de Anselmo de Cantuária, Tomás de Aquino e Boaventura, culminando com a decadência da escolástica.

GONZÁLEZ, J. L. **Uma história do pensamento cristão**. Tradução de Paulo Arantes e Vanuza Helena Freire de Mattos. São Paulo: Cultura Cristã, 2004. v. 1: Do início até o Concílio de Calcedônia.

Essa obra, o primeiro volume de uma série de três, apresenta o desenvolvimento do pensamento cristão desde os tempos da Igreja primitiva até as formulações teológicas do Concílio de Calcedônia, abrangendo, portanto, um período que vai do primeiro ao quinto século. É também uma obra panorâmica e introdutória, contendo nomes de destaque, principalmente aqueles que se relacionam com a patrística.

McGRATH, A. E. **Teologia histórica**: uma introdução à história do pensamento cristão. São Paulo: Cultura Cristã, 2005.

Essa é uma obra introdutória que destaca a importância da história da teologia e seu lugar no estudo da teologia cristã, ao mesmo tempo que apresenta formas de estudá-la. O autor apresenta diversos casos de relevância em cada tópico que abrem possibilidades de o leitor se aprofundar no debate de cada seção. A obra também contém glossários de termos teológicos, fontes de citações e índices de nomes, palavras e frases.

MONDIN, B. **Os grandes teólogos do século vinte**. Tradução de José Fernandes. São Paulo: Teológica, 2003.

A obra faz uma descrição dos 20 principais teólogos do período contemporâneo. São apresentados os mais expressivos teólogos católicos, protestantes e ortodoxos. De cada teólogo é apresentada a vida, uma bibliografia selecionada e a exposição objetiva de sua teoria.

OLSON, R. **História da teologia cristã**: 2.000 anos de tradição e reformas. Tradução de Gordon Chown. São Paulo: Vida, 2001.

Com uma abordagem panorâmica, os temas iniciam-se com os pais apostólicos e a origem das controvérsias teológicas do cristianismo. São feitas descrições da teologia como ferramenta apologética, principalmente, no que diz respeito aos embates contra o gnosticismo e os judaizantes. As divergências entre as escolsas teológicas de Alexandria e Antioquia; a divisão entre as Igrejas cristã do Oriente e do Ocidente, as discussões relativas à Reforma Protestante; a Reforma Católica e o chamado *escolasticismo protestante*; e os temas históricos do período moderno e contemporâneo também são discutidos neste livro.

Respostas

Capítulo 1

Atividades de autoavaliação
1. c
2. d
3. a
4. c
5. d

Capítulo 2

Atividades de autoavaliação
1. e
2. c
3. b
4. a
5. c

Capítulo 3

Atividades de autoavaliação

1. a
2. d
3. c
4. b
5. a

Capítulo 4

Atividades de autoavaliação

1. a
2. c
3. c
4. a
5. a

Capítulo 5

Atividades de autoavaliação

1. d
2. b
3. b
4. b
5. c

Capítulo 6

Atividades de autoavaliação

1. b
2. a
3. c
4. e
5. c

Sobre o autor

Osiel Lourenço é pós-doutor em História pela Universidade Federal do Paraná (UFPR), doutor em Ciências da religião pela Universidade Metodista de São Paulo, com período sanduíche na Universidade Lusófona de Lisboa; mestre em Teologia pela Escola Superior de Teologia (EST) e bacharel em História pela Universidade de Itaúna. É avaliador do Instituto Nacional de Estudos e Pesquisas Educacionais Anísio Teixeira (Inep) para autorização de cursos de Teologia.

Os papéis utilizados neste livro, certificados por instituições ambientais competentes, são recicláveis, provenientes de fontes renováveis e, portanto, um meio sustentável e natural de informação e conhecimento.

FSC
www.fsc.org
MISTO
Papel produzido a partir de fontes responsáveis
FSC® C114026

Impressão: Optagraf

Julho / 2021